Almanach du CHEVAL 2014

par Frédérique MONNIER

Frédérique MONNIER est passionnée d'équitation. Avocate de formation, elle a quitté la vie parisienne pour s'installer à Lamotte-Beuvron où elle a travaillé plusieurs années au sein de la Fédération française d'équitation. Elle a écrit le livre «Réussir ses degrés 1 et 2» publié chez Belin.

2014

Mois de Janvier	Mois de Février	Mois de Mars	Mois d'Avril	Mois de Mai	Mois de Juin
1 M Jour de l'an	1 S Ella	1 S Aubin	1 M Hugues	1 J Fête du travail	1 D Justin
2 J Basile	2 D Présentation	2 D Ch. le Bon	2 M Sandrine	2 V Boris	2 L Blandine
3 V Geneviève	3 L Blaise	3 L Guénolé	3 J Richard	3 S Phil., Jacq.	3 M Kévin
4 S Odilon	4 M Véronique	4 M Casimir	4 V Isidore	4 D Sylvain	4 M Clothilde
5 D Edouard	5 M Agathe	5 M Olive	5 S Pâques	5 L Judith	5 J Igor
6 L Mélaine	6 J Gaston	6 J Colette	6 D L. de Pâques	6 M Prudence	6 V Norbert
7 M Raymond	7 V Eugénie	7 V Félicité	7 L J.-B. de la S.	7 M Gisèle	7 S Gilbert
8 M Lucien	8 S Jaqueline	8 S Jean de Dieu	8 M Julie	8 J Armistice 1945	8 D Ménard
9 J Alix	9 D Apolline	9 D Françoise	9 M Gauthier	9 V Pacôme	9 L Diane
10 V Guillaume	10 L Arnaud	10 L Vivien	10 J Fulbert	10 S Solange	10 M Landry
11 S Pauline	11 M ND De Lourdes	11 M Rosine	11 V Stanislas	11 D Estelle	11 M Barnabé
12 D Tatiana	12 M Félix	12 M Justine	12 S Jules	12 L Achille	12 J Guy
13 L Yvette	13 J Béatrice	13 J Rodrique	13 D Isla	13 M Rolande	13 V Antoine de P.
14 M Nina	14 V Valentin	14 V Mathilde	14 L Maxime	14 M Ascension	14 S Élisée
15 M Rémi	15 S Claude	15 S Louise	15 M Paterne	15 J Denise	15 D Germaine
16 J Marcel	16 D Julienne	16 D Bénédicte	16 M B.-Joseph	16 V Honoré	16 L J.-F. Régis
17 V Roseline	17 L Alexis	17 L Patrice	17 J Anicet	17 S Pascal	17 M Hervé
18 S Prisca	18 M Bernadette	18 M Cyrille	18 V Parfait	18 D Éric	18 M Léonce
19 D Marius	19 M Gabin	19 M Joseph	19 S Emma	19 L Yves	19 J Romuald
20 L Sébastien	20 J Aimée	20 J Printemps	20 D Odette	20 M Bernardin	20 V Silvère
21 M Agnès	21 V Damien	21 V Clémence	21 L Anselme	21 M Constantin	21 S Été
22 M Vincent	22 S Isabelle	22 S Léa	22 M Alexandra	22 J Émile	22 D Alban
23 J Barnard	23 D Lazare	23 D Victorien	23 M Georges	23 V Didier	23 L Audrey
24 V Fr. de Sales	24 L Modeste	24 L Catherine	24 J Fidèle	24 S Pentecôte	24 M Jean-Baptiste
25 S Conv. de Paul	25 M Roméo	25 M Annonciation	25 V Marc	25 D Sophie	25 M Prosper
26 D Paule	26 M Nestor	26 M Larissa	26 S Alida	26 L Bérenger	26 J Anthelme
27 L Angèle	27 J Honorine	27 J Habib	27 D Zita	27 M Augustin	27 V Fernand
28 M Th. d'Aquin	28 V Romain	28 V Gontran	28 L Valérie	28 M Germain	28 S Irénée
29 M Gildas		29 S Gwladys	29 M Cath. de Si.	29 J Aymar	29 D Pierre, paul
30 J Martine		30 D Amédée	30 M Robert	30 V Ferdinand	30 L Martial
31 V Marcelle		31 L Benjamin		31 S Visitation	

Mois de Juillet	Mois d'Août	Mois de Septembre	Mois d'Octobre	Mois de Novembre	Mois de Décembre
1 M Thierry	1 V Alphonse	1 L Gilles	1 M Thér. fr l'E.	1 S Toussaint	1 L Florence
2 M Martinien	2 S Julien Eym.	2 M Ingrid	2 J Léger	2 D Défunts	2 M Viviane
3 J Thomas	3 D Lydie	3 M Grégoire	3 V Gérard	3 L Hubert	3 M Fr. Xavier
4 V Florent	4 L J.-M. Vianney	4 J Rosalie	4 S F. d'Assise	4 M Charles	4 J Barbara
5 S Antoine	5 M Abel	5 V Raïssa	5 D Fleur	5 M Sylvie	5 V Gérald
6 D Mariette	6 M Transfiguration	6 S Bertrand	6 L Bruno	6 J Bertille	6 S Nicolas
7 L Raoul	7 J Gaétan	7 D Reine	7 M Serge	7 V Carine	7 D Ambroise
8 M Amandine	8 V Dominique	8 L Nativité	8 M Pélagie	8 S Geoffroy	8 L Im. Concept.
9 M Ulrich	9 S Amour	9 M Alain	9 J Denis	9 D Théodore	9 M Pierre Fourier
10 J Benoît	10 D Laurent	10 M Inès	10 V Gislain	10 L Léon	10 M Romaric
11 V Olivier	11 L Claire	11 J Adelphe	11 S Firmin	11 M Armistice 1918	11 J Daniel
12 S Henri, Joël	12 M Clarisse	12 V Appolinaire	12 D Wilfried	12 M Christian	12 V Jean. F. de C.
13 D Fête Nationale	13 M Hippolyte	13 S Aimé	13 L Géraud	13 J Brice	13 S Lucie
14 L Donald	14 J Evrard	14 D La Croix	14 M Juste	14 V Sidoine	14 D Odile
15 M ND Mt Carmel	15 V Assomption	15 L Roland	15 M Thér. d'Avila	15 S Albert	15 L Ninon
16 M Charlotte	16 S Armel	16 M Édith	16 J Edwige	16 D Julienne	16 M Alice
17 J Frédéric	17 D Hyacinthe	17 M Renaud	17 V Baudoin	17 L Marguerite	17 M Gaël
18 V Arsène	18 L Hélène	18 J Nadège	18 S Luc	18 M Élisabeth	18 J Gatien
19 S Marina	19 M Jean-Eudes	19 V Émile	19 D René	19 M Aude	19 V Urbain
20 D Victor	20 M Bernard	20 S Davy	20 L Adeline	20 J Tanguy	20 S Théophile
21 L Marie-Madeleine	21 J Christophe	21 D Matthieu	21 M Céline	21 V Edmond	21 D Hiver
22 M Brigitte	22 V Fabrice	22 L Maurice	22 M Élodie	22 S Prés. de Marie	22 L Fr. Xavière
23 M Christine	23 S Rose de Lima	23 M Automne	23 J Jean de C.	23 D Cécile	23 M Armand
24 J Jacques	24 D Barthélémy	24 M Thècle	24 V Florentin	24 L Clément	24 M Adèle
25 V Conv. de Paul	25 L Louis	25 J Hermann	25 S Crépin	25 M Flora	25 J Noël
26 S Anne, Joaquim	26 M Natacha	26 V Côme, Damien	26 D Dimitri	26 M Catherine	26 V Etienne
27 D Nathalie	27 M Monique	27 S Vincent de P.	27 L Émeline	27 J Delphine	27 S Jean
28 L Samson	28 J Augustin	28 D Venceslas	28 M Jude	28 V Séverin	28 D Innocents
29 M Marthe	29 V Sabine	29 L Michel	29 M Narcisse	29 S Saturnin	29 L David
30 M Juliette	30 S Fiacre	30 M Jérôme	30 J Bienvenu	30 D André	30 M Roger
31 J Ignace de L.	31 D Aristide		31 V Quentin		31 M Sylvestre

Sommaire

Mois de Janvier

Les principes de l'équitation sont simples, mais leur mise en pratique l'est beaucoup moins. Les procédés de l'art équestre sont nombreux et variés. On a bien pu résumer leur ensemble dans une formule elliptique et pittoresque : « tirer dessus et taper dedans », mais il n'y a sans doute pas grand profit à tirer de cette boutade. Le succès du dressage méthodique est fait de mille détails, dont aucun n'est négligeable.

Général Decarpentry.

Cheval de légende

Pégase

PÉGASE, le cheval ailé de la mythologie grecque est né de l'union du dieu de la mer, Poséidon et de la démoniaque gorgone, Méduse. Celle-ci transmet au cheval ailé un caractère ombrageux… Grâce à l'intervention de la déesse Athéna, il fut dressé par Bellérophon qui fit usage d'un mors magique (un double brisure en aurigan ? La légende ne nous le dit pas…). Pégase devint un précieux allié dans bien des combats. Il côtoie aussi les Muses auxquelles il offre la source Hippocrène en frappant la terre lors d'un concours de chant opposant les Muses aux filles de Pièros, geste qu'il fit pour calmer l'Hélicon qui menaçait d'atteindre le ciel, le fleuve marquant un enthousiasme (débordant) au son de toutes ces voix merveilleuses.

Cheval ou poney ?

Cheval de moins de 1 m 51 ferré pour les règlements de compétition le poney est avant tout un équidé de petite taille, très rustique, issu de régions aux conditions climatiques difficiles. Leur petite taille (moins d'un mètre au garrot pour les plus petits d'entre eux) en fait la monture idéale des enfants et des adolescents. Au-delà du rapport de taille et de force, leur caractère joueur et docile fait qu'ils s'entendent particulièrement bien avec les enfants, à condition qu'ils soient bien dressés (un poney se dresse comme un cheval…). Leur rusticité les rend moins fragiles que les chevaux, et ils peuvent rester au pré toute l'année. Cette qualité les rend plus facile à élever que les chevaux et souvent ceux qui se lancent dans l'élevage équin commencent par les poneys. Le bon mental et le pied sûr des grands poneys en font le « cheval familial » par excellence dans une optique de loisirs. Par contre, celui qui veut se lancer dans la compétition à un certain niveau a tout intérêt à troquer le poney contre le cheval. En effet, même si le poney « pardonne « plus facilement, le cheval est généralement plus fin et les épreuves amateur ou pro ne peuvent pas être faites avec un poney, à de rares exceptions près. De même les adultes de grande taille ont tout intérêt à opter pour un cheval, pour ne pas gêner leur monture et pouvoir progresser correctement.
Cheval ou poney, en bref, la bonne taille, c'est quand le cavalier à pied peut voir de l'autre côté par-dessus le dos de son poney ou de son cheval.

L'âne et le pure sang *Conte du Périgord*

Un pauvre âne paissait le long d'une prairie habitée par un pur-sang, lorsqu'il s'entendit s'appeler :
- C'est moi, que vous appelez, Monsieur le cheval ? braya l'âne.
- Certainement, dit le cheval, c'est toi que j'appelle, pauvre niais qui tond les fossés lorsque tu pourrais être dans une belle écurie où l'avoine ne manque pas.
- Mais, dit l'âne, je ne demanderais pas mieux que d'y être. Seulement, moi, je ne suis pas comme vous…
- Ça n'y fait rien, dit le cheval, en ville, on ne distingue pas les chevaux d'entre les ânes, car ils sont tous harnachés pareillement.
Et le cheval allait et venait, fier comme Artaban. L'âne dressait ses oreilles tout droit, et regardait de tous ses yeux sans perdre une ligne :
- Monsieur le cheval, demanda-t-il, qu'est-ce que…
- Oh ! Dit le cheval, c'est peu de chose…
- Tant mieux pour vous, si vous le prenez ainsi, dit l'âne. Au diable l'avoine et les écuries ! Voyez, Monsieur, ici, il n'y en a aucun qui soit châtré !

Race : le Selle français

Race de chevaux de sport que nous envie le monde entier, avec de nombreux titres de champions à son actif, particulièrement en saut d'obstacles, le Selle Français est originaire de Normandie. Il est issu de croisements entre les juments autochtones avec des demi-sang, des étalons arabes et des pur-sang anglais. Il toise entre 1,65 m et 1,80 m. Sa tête est assez massive mais élégante, au profil rectiligne ou légèrement busqué, avec des oreilles assez longues, des yeux bien écartés et de fortes ganaches. Son encolure est longue et musclée. Le Selle Français a un garrot relevé, une épaule inclinée, un corps puissant et bien proportionné, un dos assez long et droit et une arrière-main puissante. Ses membres sont forts, solides et musclés. apprécié pour son action énergique, sa docilité, son courage et son bon équilibre mental. Apprécié pour son action énergique, sa docilité, son courage et son bon équilibre mental, le Selle Français est un cheval de sport polyvalent avec des aptitudes dans les trois disciplines olympiques, saut d'obstacles, concours complet et dressage, même si dans cette dernière discipline, il subit la concurrence des races allemandes et hollandaises.

Notes

Mer.1er janvier

matin

après-midi

Jeu.2 JANVIER

matin

après-midi

Ven.3 JANVIER

matin

après-midi

Sam.4 JANVIER

matin

après-midi

Dim.5 JANVIER

matin

après-midi

Lun.6 JANVIER

matin

après-midi

Mar.7 JANVIER

matin

après-midi

Mer.8 JANVIER

matin

après-midi

Jeu.9 JANVIER

matin

après-midi

Ven.10 JANVIER

matin

après-midi

Sam.11 JANVIER

matin

après-midi

Dim.12 JANVIER

matin

après-midi

Salon Cheval Passion en Avignon :

Quand le cheval se fait spectacle

La 3e semaine de janvier, le salon Cheval Passion ensoleille l'hiver. Dans une ambiance très sud, ce que l'on peut qualifier de « festival d'Avignon » du cheval fait la part belle au spectacle équestre. Le Gala des Crinières d'Or de Cheval Passion est un spectacle féerique réunissant les meilleurs artistes équestres. Quant au Cabaret équestre, avec ses restaurants répartis autour de la carrière de spectacle, il est souvent le lieu où les futures stars du spectacle équestre viennent se lancer.

De l'étrier…

Il est utile avant de monter à cheval, de s'assurer que les étriers sont bien ajustés.

D'une manière très rapide, le cavalier peut reconnaître à un point près la longueur d'étrivière nécessaire à sa jambe; pour cela il suffit, plaçant l'extrémité des doigts de la main droite à la hauteur du porte-étrivière et tendant le bras, d'amener de la main gauche la palette de l'étrier jusqu'à la naissance de l'aisselle; on obtient ainsi la longueur approximative nécessaire, il ne reste plus qu'à fixer l'ardillon dans le trou correspondant.

Une fois en selle, le cavalier peut, par un autre procédé, allonger ou raccourcir l'étrivière, d'une seule main, sans le secours des yeux et le cheval en marche.

Pour allonger l'étrivière droite, le cavalier passe ses rênes dans la main gauche, le pouce sur le milieu de la cravache, et, sans déchausser l'étrier, il fait glisser la boucle de l'étrivière jusqu'au bas de petit quartier de la selle; pendant cette petite manœuvre, le pied fait sur la palette de l'étrier une légère résistance pour l'empêcher de remonter; le cavalier alors écarte l'étrivière, pour, avec l'index, faire sortir l'ardillon du trou qu'il occupe; il reconnaît avec le pouce le nombre de trous dont il veut allonger l'étrivière, fixe ses doigts au trou le plus éloigné jusqu'à ce que la pression du pied sur la palette de l'étrier ait amené au niveau de ses doigts l'ardillon qu'il fixe de suite.

Pour raccourcir l'étrivière, on emploie les mêmes moyens jusqu'au moment où, avec l'index, on a fait sortir l'ardillon du trou. Le cavalier prend alors l'étrivière à pleine main et la soulève; le pouce sur les trous permet de reconnaître la quantité dont on veut raccourcir l'étrivière, l'index alors fait rentrer l'ardillon.

Pendant cette manœuvre, et pour la faciliter, la pointe du pied a été soulevée, sans pour cela abandonner l'étrier. Il ne reste plus qu'à tirer en bas sur la partie de l'étrivière qui touche la selle pour faire remonter la boucle à sa place.

On allonge et on raccourcit l'étrivière du côté gauche par les mêmes moyens, seulement on place les rênes et la cravache dans la main droite.

L'étrier se perd facilement; le cavalier doit savoir le reprendre sans pour cela changer l'allure à laquelle il marche.

Il suffit d'élever la pointe du pied; de porter le pied ainsi fléchi légèrement en arrière; puis, par un petit coup sec, de porter la pointe du pied en dedans; elle frappe la branche postérieure de l'étrier qui bascule et se trouve chaussé naturellement. On arrive rapidement à exécuter ce petit travail en s'y exerçant d'abord au pas, puis aux autres allures.

Nous terminerons ce qui a rapport à l'étrier en disant qu'il ne faut jamais le porter trop long, mais bien assez court pour que la pointe du pied soit plus élevée que le talon, les genoux étant appliqués contre le bourrelet de la selle.

Source : « *Principes d'équitation* » ERNEST LALANNE 1880.
aux éditions A. DEGORCE-CADOT

Le cheval pour jouer

Compagnon domestiqué de l'homme depuis 3000 ans avant J.-C, le cheval est depuis très longtemps présent dans l'univers du jouet. Que ce soit le cheval bâton que l'on trouve parmi les jouets des jeunes grecs sous l'Antiquité et au Moyen âge, les chevaux à tirer qui existent déjà en Égypte au Ve siècle, le cheval à bascule qui a amusé des générations d'enfants ou les figurines guerrières, le cheval a longtemps amusé les garçons avant de devenir l'apanage des petites filles avec les figurines « Mon petit poney » et autres jeux vidéos Alexandra Ledermann. Sans oublier les manèges de chevaux de bois qui font rêver petits et grands enfants…

Lun.13 JANVIER

matin

après-midi

Mar.14 JANVIER

matin

après-midi

Mer.15 JANVIER

matin

après-midi

Jeu.16 JANVIER

matin

après-midi

Ven.17 JANVIER

matin

après-midi

Sam.18 JANVIER

matin

après-midi

Dim.19 JANVIER

matin

après-midi

Lun.20 JANVIER

matin

après-midi

Mar.21 JANVIER

matin

après-midi

Mer.22 JANVIER

matin

après-midi

Jeu.23 JANVIER

matin

après-midi

Ven.24 JANVIER

matin

après-midi

Sam.25 JANVIER

matin

après-midi

Dim.26 JANVIER

matin

après-midi

Les bonnes résolutions : Le travail d'hiver

Janvier, c'est le mois des bonnes résolutions… mais surtout le travail effectué l'hiver par le couple cavalier-cheval déterminera la réussite de la saison de concours qui débutera une fois le printemps venu. C'est le moment de travailler les points à améliorer sur le plat, de gymnastiquer sur des lignes et des combinaisons (pas besoin de sauter haut…) si vous faites du saut d'obstacles. Les cavaliers de complet pourront quant à eux s'entraîner en sautant des directionnels dans le manège en se servant de barres, plots, voire de bidons.
Quelque soit le travail entrepris, prévoyez une longue détente en commençant par beaucoup de pas afin que les muscles du cheval puissent s'échauffer et n'oubliez que même s'il fait froid et il pleut, votre cheval a besoin de sortir de son box et que l'entraînement se fait sur le long terme.

Monter à cheval en musique

La musique adoucit les mœurs… y compris à cheval ! Monter en musique permet de se détendre bien sûr mais aide cheval et cavalier à se concentrer. C'est pour cette raison que le grand écuyer Nino Oliveira diffusait des airs d'opéra dans son manège pendant qu'il travaillait ses chevaux. La musique aide aussi à trouver une bonne cadence, sur le plat ou à l'obstacle. Les reprises libres en musique des épreuves de dressage peuvent être des moments de pure magie où cheval et cavalier semblent danser sur la musique. Pour cela, outre une bonne maîtrise technique, il faut que la musique « colle » au cheval. Notamment si la musique va plus vite que le cheval, cela donnera une impression de légèreté.

Le grand écuyer Nino Oliveira

Précautions à prendre quand on veut s'approcher d'un cheval

Lorsque l'on veut s'approcher d'un cheval, que ce soit pour l'examiner ou pour le monter, il ne faut jamais l'aborder du côté de l'arrière-main ; c'est toujours par-devant, du côté de l'épaule droite ou de l'épaule gauche, suivant les cas, que le cavalier devra se présenter à lui.
Quand le cheval est à l'écurie dans sa stalle et que l'on veut y pénétrer, il faut au préalable le prévenir et le faire déplacer sur le côté.
Ces recommandations sont de la plus grande importance et trouvent leur application dans bien des cas.
Supposons qu'à la promenade, une pierre soit venue se loger dans un des pieds de derrière du cheval ; il est de toute nécessité de retirer sur-le-champ ce corps étranger qui peut le blesser. Conformément à ce que nous avons dit, le cavalier devra d'abord avertir son cheval en lui levant le pied de devant pour n'arriver qu'en second lieu au pied de derrière.
Ces recommandations doivent être observées avec tous les chevaux sans exception.

Source : « *Principes d'équitation* » ERNEST LALANNE 1880.
aux éditions A. DEGORCE-CADOT

Lun.27 JANVIER

matin

après-midi

Mar.28 JANVIER

matin

après-midi

Mer.29 JANVIER

matin

après-midi

Jeu.30 JANVIER

matin

après-midi

Ven.31 JANVIER

matin

après-midi

Notes

Trucs et astuces

Vous pouvez ajouter une poignée à votre selle en enfilant un nose-band sur les « D » en métal qui sont de part et d'autre du pommeau.
Pratique pour se tenir si vous montez de jeunes chevaux ou pour se sentir en sécurité en promenade.

Mois de Février

Le cheval est dangereux devant, dangereux derrière et inconfortable au milieu.

Winston Churchill

Cheval de légende

Bucéphale

BUCÉPHALE (« tête de bœuf » en grec) fut le cheval qui permet à Alexandre le Grand de conquérir le monde. Une immense complicité liait ces deux-là car Alexandre fit connaissance de Bucephale alors qu'il était enfant. Le récit de leur rencontre est célèbre : Un marchand présente Bucéphale au roi Philippe de Macédoine, père d'Alexandre. Le cheval est si rétif que le roi refuse de l'acheter. C'est alors que le jeune Alexandre demande à son père d'essayer le cheval. S'étant aperçu qu'il avait peur de son ombre, il le fait galoper face au soleil. Le cheval est dressé mais n'acceptera d'être monté que par Alexandre. Cet exploit fait dire au roi Philippe : « Mon enfant, cherche un royaume à ta mesure. La Macédoine n'est pas assez grande pour toi. Car c'est toi le nouveau roi. ».
Bucéphale meurt de ses blessures après la bataille de l'Hydaspe, en Inde. Alexandre fait de son vieux compagnon de bataille un dieu et fonde sur son tombeau la ville de Bucéphalie.

L'alimentation du cheval

Bien nourrir son cheval est essentiel car il s'agit d'un animal fragile sur le plan digestif. Le type et la quantité d'aliments dépendent aussi de la race, de l'âge, de la taille et du travail qu'il fait.

L'alimentation du cheval se compose de :

Foin qui doit être craquant, odorant, non moisi et le moins poussiéreux possible. C'est un aliment indispensable car il sert de lest et permet au cheval en box de ne pas consommer trop de paille. Ce qui évitera les bouchons, causes de colique. L'idéal est que le cheval ait du foin à disposition.
Alimentation dite traditionnelle : avoine, orge, maïs. L'avoine et l'orge peuvent être aplaties et le maïs concassé. Pour ce type d'alimentation, il faut tenir compte des carences en vitamine et calcium.
Aliments industriels : Floconnés ou granulés, ils ont pour avantage d'être complets et faciles d'emploi.
En raison de la faible capacité de l'estomac du cheval, les repas seront fractionnés, deux à trois par jour.
Le cheval boit beaucoup, de 20 à 60 litres par jour. Veiller que l'eau soit propre et toujours à disposition.
Cependant, il ne faut pas oublier que le cheval est avant tout un herbivore : tout cheval doit pouvoir être mis régulièrement dans un pré bien clos et entretenu.

Race : le poney shetland

Ami numéro 1 des enfants, rendu célèbre dans les années 1960 par les aventures de Poly écrites par Cécile Aubry, ce petit poney est originaire des Îles Shetland où il vit depuis l'ère glaciaire. Sa petite taille s'explique par le climat de ces îles où les vents sont si violents que les arbres ne poussent pas. La tête du shetland est bien ciselée, d'expression intelligente, le front est large ; les petites oreilles bien placées sont portées haut ; les naseaux sont larges et bien ouverts. Crinière, toupet et queue sont abondamment pourvus de crins durs et denses. L'encolure est musclée, massive, avec une bonne sortie de garrot ; elle est proportionnée à la taille du poney. Le poitrail est large et profond, le dos court, le rein puissant et large. Les membres sont puissants, à ossature dense, ni ronde, ni grossière ; les pieds sont ronds, bien conformés, avec une corne dure et très résistante. D'une taille située entre 80 cm et 1 m 07, le shetland est une monture idéale pour les enfants. Sa petite taille et son caractère doux et joueur permettent d'établir une grande complicité et de découvrir tous les aspects de l'équitation : initiation, pony-games, saut d'obstacles, concours compet, horse-ball. Le shetland excelle aussi à l'attelage, ce qui permet à l'adolescent devenu trop grand pour son poney de continuer d'en profiter d'une autre manière.

Notes

Sam.1er FÉVRIER

matin

après-midi

Dim.2 FÉVRIER

matin

après-midi

Lun.3 FÉVRIER

matin

après-midi

Mar.4 FÉVRIER

matin

après-midi

Mer.5 FÉVRIER

matin

après-midi

Jeu.6 FÉVRIER

matin

après-midi

Ven.7 FÉVRIER

matin

après-midi

Sam.8 FÉVRIER

matin

après-midi

Dim.9 FÉVRIER

matin

après-midi

Bien s'équiper pour monter en hiver.

Brrr ! Monter à cheval par les durs mois d'hiver peut en décourager plus d'un. Mais bien couvert, une promenade ou une séance par un froid bien sec peut devenir un réel plaisir. Pour cela, privilégiez les vêtements chauds sans que ceux-ci vous engoncent. Un sous-pull, un pull chaud et un gilet « doudoune » sans manches vous réchaufferont par les plus basses températures à condition que vous couvriez aussi correctement vos extrémités, pieds et mains. Pour les pieds, l'idéal est de mettre aux pieds des chaussettes de laine type chaussettes de ski à condition que vous ne soyez pas serré dans vos bottes ou boots avec ce type de chaussettes. En effet, si vous êtes trop serré, la circulation ne se fait pas et vous aurez davantage froid. De même en hiver, évitez de monter avec des bottes en caoutchouc qui n'isolent pas le pied du froid. Pour les mains, prévoyez des gants chauds (il existe sur le marché des gants d'équitation en polaire) mais évitez mitaines et moufles, peu appropriées à la pratique de l'équitation.
En cas de grand froid, les sous gants et sous chaussettes en soie utilisés par les alpinistes et les chasseurs peuvent être d'un très grand secours.
Quant à votre cheval, surtout s'il est tondu, mettez-lui un couvre rein s'il fait très froid.

Les courses, un sport millénaire

Les premières courses hippiques ont été organisées en Asie Centrale vers 4 500 avant Jésus Christ. Sous l'Antiquité, les courses de chevaux font partie des épreuves des Jeux Olympiques en Grèce et à Rome, les courses de char font fureur.
Les courses telles que nous les connaissons actuellement sont nées au XIIe siècle en Angleterre, les chevaliers anglais revenus des Croisades ayant croisé des pur-sang arabes avec des races locales. Au XVIe siècle, les aristocrates anglais organisèrent de nombreuses courses, le Roi Charles II étant très féru de ce sport. Le Jockey Club anglais est fondé dans les années 1700. Celui-ci contribue à l'amélioration de la race du pur-sang anglais en créant un stud book qui recense les descendants des trois étalons fondateurs de la race Byerley Turk, Darley Arabian et Godolphin Arabian. Il faudra attendre la seconde moitié du XVIIIe siècle pour voir s'organiser des courses en France, sous l'impulsion du comte d'Artois passionné par tout ce qui vient d'outre-manche. Ces courses ont notamment lieu aux Sablons, futur hippodrome de Longchamp. Les courses de chevaux sont réglementées à l'échelle nationale sous l'Empire et en 1833 sont créés le Jockey-Club, et la Société d'encouragement.
Les courses de trot, quant à elles, naissent vers 1830 dans l'ouest de la France. De nos jours, les courses se répartissent entre les courses de galop (plat et obstacles) gérées par France Galop et les courses de trot relevant de la société du Cheval français.

Le montoir

Le cavalier faisant face à l'épaule gauche du cheval, la cravache dans la main droite, pointe en l'air, prend l'extrémité des rênes entre le pouce et l'index de la main droite et les tend en arrière jusqu'environ vingt centimètres au-dessus du troussequin. De la main gauche il saisit les rênes vers le milieu de leur longueur, le petit doigt en dessous; rejette de la main droite leur extrémité du côté droit de l'encolure; passe la cravache de la main droite dans la main gauche, la pointe la première; prend une poignée de crins le plus haut possible avec la main droite et les place dans la main gauche dont le dos se trouve bien à plat sur le côté gauche de l'encolure.

Il prend alors l'étrivière de la main droite et engage le pied gauche dans l'étrier; se place par deux petits sauts vis-à-vis du quartier gauche de la selle sur lequel il appuie le genou; place sa main droite à plat sur la partie droite du troussequin et s'élance vivement du pied droit en tirant fortement sur la poignée de crins; le pied droit étant arrivé à la hauteur du pied gauche, il marque un temps d'arrêt, le corps droit; passe la main droite sur le pommeau de la selle, le pouce en dessous; passe la jambe droite tendue par-dessus la croupe du cheval sans la toucher; alors, l'appui de la main droite qu'il conserve encore sur le pommeau de la selle lui permet de s'y asseoir sans à-coup. Il chausse alors l'étrier droit et reprend la cravache avec la main droite.

Nous venons de recommander de se mettre en selle sans à-coup, et cela est très important avec certains chevaux; car un appui brusque et trop violent sur la selle peut surprendre le cheval et occasionner des bonds et des défenses de nature à mettre en danger la sécurité du cavalier.

Source: « *Principes d'équitation* » ERNEST LALANNE 1880.
aux éditions A. DEGORCE-CADOT

Le cheval dans les proverbes

Bon nombre de proverbes et de dictons français font référence au cheval pour expliquer le comportement des hommes. Ces expressions campent deux types de chevaux, le cheval soumis, fort et déterminé (« avoir des œillères », « cheval de retour ») et le cheval fougueux et imprévisible (« prendre le mors aux dents », « À bride abattue »).

Trucs de maquignons d'antan… à ne pas imiter!

Les maquignons d'autrefois ne manquaient pas d'imagination pour faire passer des vessies pour des lanternes, ou plutôt des chevaux vieux et blessés pour des montures jeunes et fringantes: mettre une fausse queue au cheval qui n'a plus de crins, introduire une éponge dans la cavité nasale lorsque l'animal jette par un des naseaux, mettre du poivre dans l'anus pour rendre le cheval plus fringant. Ils masquaient les seimes avec d'une composition faite avec de la limaille de fer, du noir de fumée et de la térébenthine. Avec une râpe, ils dissimulent les déformations du sabot dues à une fourbure chronique. Pour cacher les cicatrices des chevaux couronnés, ils enduisaient sur les genoux un enduit poisseux sur lequel ils mettaient des poils du cheval. Si le cheval avait une boiterie chronique, ils faisaient une blessure sur le membre atteint en affirmant qu'elle était la cause de la boiterie. Heureusement grâce à la législation actuelle et la visite vétérinaire d'achat, ces pratiques d'un autre âge ne sont plus de mise…

Lun.10 FÉVRIER
matin
après-midi

Mar.11 FÉVRIER
matin
après-midi

Mer.12 FÉVRIER
matin
après-midi

Jeu.13 FÉVRIER
matin
après-midi

Ven.14 FÉVRIER
matin
après-midi

Sam.15 FÉVRIER
matin
après-midi

Dim.16 FÉVRIER
matin
après-midi

Lun.17 FÉVRIER
matin
après-midi

Mar.18 FÉVRIER
matin
après-midi

Mer.19 FÉVRIER
matin
après-midi

Jeu.20 FÉVRIER
matin
après-midi

Ven.21 FÉVRIER
matin
après-midi

Sam.22 FÉVRIER
matin
après-midi

Dim.23 FÉVRIER
matin
après-midi

Les trois allures du cheval

Les trois allures du cheval sont:
le pas, le trot et le galop.

LE GALOP

On distingue trois sortes de galop:
le galop juste,
le galop faux,
le galop désuni.

Le galop juste est l'allure du cheval dans laquelle il galope des deux jambes latérales, soit du côté droit, soit du côté gauche.
Le galop est faux lorsque le cheval n'est pas équilibré relativement à la ligne parcourue.
Ainsi, lorsqu'on travaille un cheval en cercle et qu'on tourne du côté droit, on dira que le galop est faux si le cheval galope des deux jambes gauches, parce que, relativement à la force centrifuge, il ne sera pas équilibré.
Le galop faux n'existe pas en ligne droite, parce qu'alors, comme il n'y a pas de force centrifuge à combattre, le cheval pourra indifféremment galoper des jambes droites ou des jambes gauches.
Le galop désuni est un galop diagonal, jambe gauche de devant et jambe droite de derrière. Dans le galop désuni, le cheval est complètement déséquilibré. On s'aperçoit qu'un cheval galope désuni par un déplacement du siège de droite à gauche et de gauche à droite. Ce mouvement de déplacement est facile à comprendre par l'allure même de ce galop dans lequel l'élévation d'une jambe gauche de devant et d'une jambe droite de derrière, produit une espèce de roulis qui renvoie le cavalier de côté. Il devra, dans ce cas, arrêter immédiatement son cheval, le remettre au pas, chercher à l'équilibrer et repartir sur les jambes latérales.
Nous avons signalé toute l'importance du tact de la main pour la base de l'assiette du cavalier; les déplacements de poids inopportuns sont le plus souvent provoqués par une main mauvaise qui donne des à-coups et qui déplace la tête, véritable levier du cheval.
C'est le tact de la main, au contraire, qui règle la position de la tête du cheval, et les déplacements de poids voulus par le cavalier.
C'est ainsi qu'il reporte à sa convenance le poids sur les différentes parties du cheval.
En élevant la tête de l'animal, il reporte le poids sur l'arrière-main; en l'abaissant, il le reporte sur l'avant-main; en l'inclinant à droite, il reporte le poids à droite, allégeant le côté gauche; en l'inclinant à gauche, il reporte le poids du côté gauche, allégeant le côté droit.
Nous sommes en mesure maintenant de bien faire comprendre le départ au galop sur jambe droite.
Pour le départ au galop il faut un rassembler absolu; il faut que le cavalier possède sous lui tout le poids de son cheval. Cette condition obtenue, déplacer légèrement la tête à gauche, fermer vigoureusement jambe gauche, deuxième division, avec rencontre de main sur l'effet de jambe gauche; le cheval part au galop sur le pied droit.
Si, par l'appui isolé de la jambe gauche, le cheval, au lieu de partir au galop, vient à se traverser, il faudra le redresser vigoureusement par une attaque de jambe droite, troisième division, et, en repartant au galop, il faudra maintenir la jambe droite à la deuxième division.
C'est la jambe qui a déterminé le galop, qui en entretient l'allure et chaque fois qu'elle agira, ce sera sur une rencontre de main.

Revenons sur quelques points de ce départ au galop. Nous avons dit'de déplacer légèrement la tête à gauche; en effet il faut bien se garder de ployer l'encolure, il suffit que l'œil et l'extrémité des naseaux du cheval soient tournés vers la gauche par un effet de main direct qui agit comme moyen de déplacement sur la barre et la partie correspondante du maxillaire. Il faut, dans ce mouvement, avoir bien soin, par la rêne d'opposition, de donner le tact à la rêne: du commandement pour conserver son cheval dans la ligne droite, bien qu'ayant plus de force dans le poignet gauche que dans le droit...
Par ce mouvement léger d'inclinaison de la tête à gauche, vous déplacez le poids à gauche et partant vous allégez l'épaule droite.
L'attaque de la jambe gauche du cavalier ramène sous le centre de gravité la jambe gauche de derrière du cheval, et le porte en avant; comme l'épaule droite est allégée il part sur jambe droite. Mêmes moyens en sens inverse pour le départ au galop sur jambe gauche.
Il faut avoir bien soin, dans l'allure du galop, de conserver son cheval dans la main et de bien le soutenir.
L'emploi de la jambe du départ pour entretenir l'allure du galop n'a pas pour effet de précipiter l'allure, mais de maintenir le déplacement de poids nécessaire au galop.

Source: « *Principes d'équitation* » ERNEST LALANNE 1880.
aux éditions A. DEGORCE-CADOT

Le saviez-vous ?

Principes d'équitation du faux pas de l'arrière-main et de la mobilisation de l'arrière-main

Dans le faux pas de l'arrière-main, le cavalier devra rendre la main, et faire sentir les jambes troisième division.
Pour mobiliser l'arrière-main, il faudra d'abord immobiliser l'avant-main par la fixité des poignets, puis, avec la jambe gauche placée à la troisième division, on portera l'arrière-main du cheval sur la droite; avec la jambe droite placée à la troisième division, on portera l'arrière-main sur la gauche.
Pour une glissade occasionnée par un accident de terrain ou par la faiblesse de l'arrière-main, on devra également rendre la main et, avec précaution, soutenir le cheval par les aides de jambes, troisième division.
Je recommande expressément de ne pas brusquer les attaques de soutien de l'arrière-main.

Source: « *Principes d'équitation* » ERNEST LALANNE 1880.
aux éditions A. DEGORCE-CADOT

Du faux pas de l'avant-main et de la mobilisation de l'avant-main

Dans le faux pas de l'avant-main, le cavalier devra tirer les rênes à lui et faire une pression plus ou moins énergique des jambes à la première division.
Pour déplacer l'avant-main sur la droite, tendre la rêne droite avec opposition de rêne gauche et exercer une pression avec la jambe gauche placée à la première division.
Pour déplacer l'avant-main sur la gauche, moyens inverses.
Pour descendre une côte, il faut élever légèrement les poignets et tenir les jambes à la première division; il faut agir de même lorsque l'on passe dans des terrains ravinés; on assure ainsi la marche de son cheval.

Source: « *Principes d'équitation* » ERNEST LALANNE 1880.
aux éditions A. DEGORCE-CADOT

Lun.24 FÉVRIER

matin

après-midi

Mar.25 FÉVRIER

matin

après-midi

Mer.26 FÉVRIER

matin

après-midi

Jeu.27 FÉVRIER

matin

après-midi

Ven.28 FÉVRIER

matin

après-midi

Notes

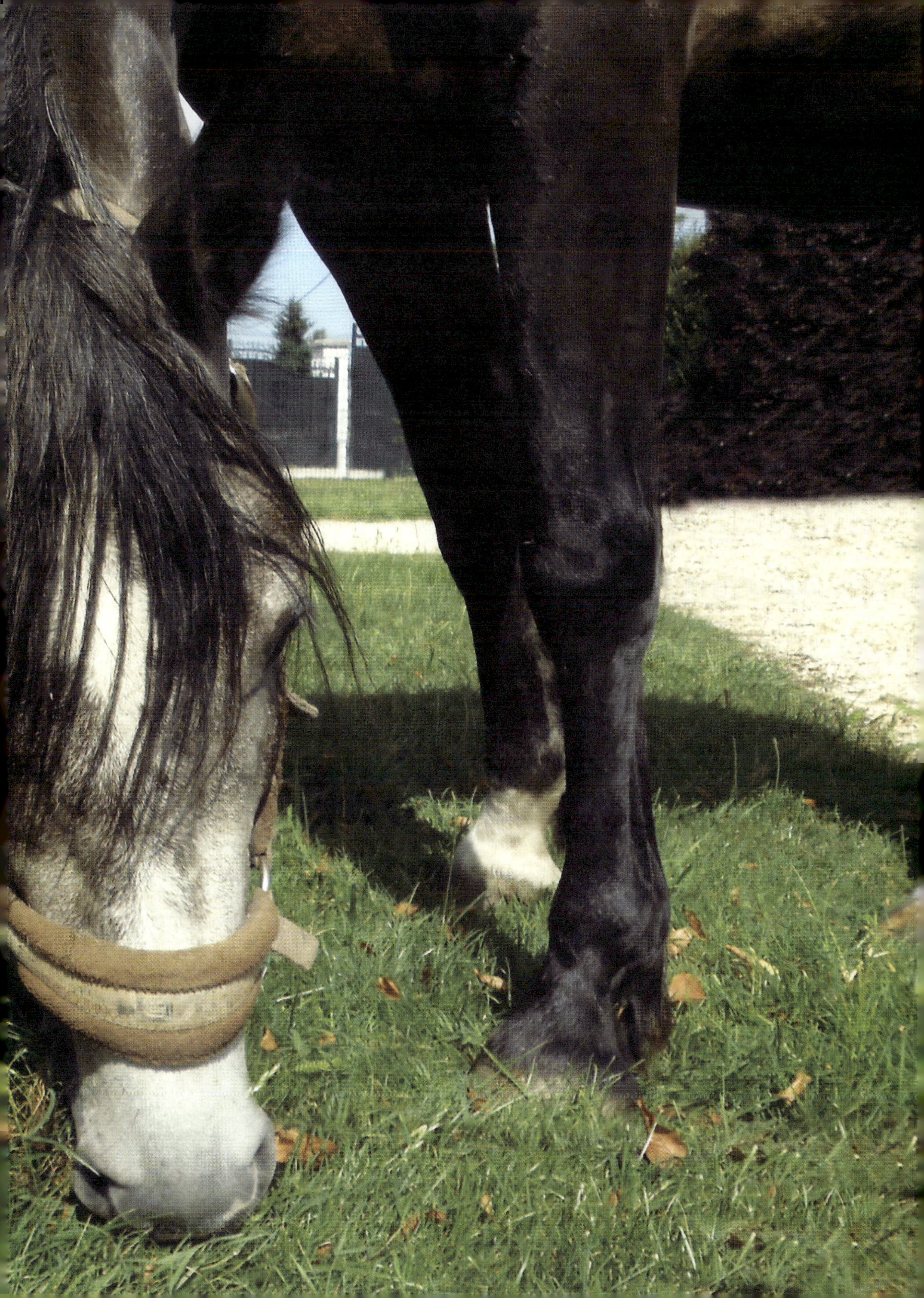

Mois de Mars

« La gentillesse est aux chevaux comme la fleur sur les fruits, laquelle ôtée ne retourne jamais. »

Antoine de Pluvinel

Notes

Cheval de légende

Rossinante

ROSSINANTE, la plus célèbre des haridelles, a accompagné Don Quichotte dans ses aventures picaresques relatées par Miguel de Cerventes au début du XVIIe siècle. Contrairement à ce qu'on pourrait penser, Rossinante n'était pas une jument mais un étalon. Son compagnon de voyage est un âne, monté par le gourmand Sancho Panza, écuyer de Don Quichotte avec qui il va combattre les moulins à vent et séduire la belle Dulcinée...

Race : le pur-sang anglais

Originaire d'Angleterre comme son nom l'indique, le pur-sang anglais est une race créée pour les courses de galop. Au XVIIIe siècle, cent poulinières ont été sélectionnées pour être fécondées par trois étalons : Byerley Turk (d'origine orientale), Darley Arabian (cheval arabe) et Godolphin Arabian (Barbe). Leurs produits ont constitué la première lignée des pur-sang anglais.

Le pur-sang toise entre 1,50 m et 1,70 m environ. Il a une tête plus ou moins longue, sèche, au profil rectiligne, avec des oreilles relativement longues et fines, un front large, de grands yeux et des naseaux ouverts. Son encolure longue et fine, son garrot saillant. Taillée pour le galop, son épaule est longue, inclinée et musclée, son corps de type longiligne, avec un dos, des reins et une arrière-main puissante. Ses membres sont longs, secs et bien trempés, avec des canons relativement courts. Sa peau est fine, rendant apparents à l'effort les vaisseaux sanguins. Le poil est fin et court.

Destiné aux courses de galop et de saut d'obstacles, ce cheval intelligent et sensible avec beaucoup d'influx nerveux se distingue également en concours complet. Le pur-sang est courageux et généreux avec un tempérament vif, ce qui le rend parfois délicat à monter. Avec des pointes au galop de 70 km heure, c'est le cheval le plus rapide au monde.

Sam.1er MARS

matin

après-midi

Dim.2 MARS

matin

après-midi

Le poulinage

Moment attendu des éleveurs, le poulinage a lieu après une gestation d'en moyenne 11 mois et 10 jours après la saillie. S'il fait mauvais au moment du poulinage, certaines juments « retiennent » leur poulain plus longtemps. Quelques jours avant la mise bas, des bouchons de cire apparaissent sur les mamelles de la jument.

La plupart des juments poulinent la nuit ou très tôt le matin, mais ce n'est pas une règle absolue. Beaucoup d'entre elles se couchent. La poche des eaux apparaît et le « travail » commence par des contractions plus ou moins fortes. Puis apparaît le premier sabot, suivi du deuxième. Se montre alors le nez, puis la tête, et enfin le reste du corps. L'expulsion du poulain est rapide, entre 15 et 30 minutes. Sa mère le lèche pour le réchauffer et activer la circulation sanguine et il tente de se mettre debout environ une demi-heure après sa naissance. Il convient de surveiller la délivrance (évacuation du placenta) qui doit avoir lieu dans les six heures qui suivent le poulinage. Désinfectez le cordon ombilical et surveillez que le poulain tête dans les heures qui suivent sa naissance. En effet, il doit absorber le précieux colostrum qui lui procurera des défenses immunitaires. Quelques jours après la naissance, le poulain recevra une injection de sérum antitétanique et de Trivalent qui le protégera contre la septicémie. Ensuite quelle joie de regarder son poulain gambader à côté de sa mère !

Le sevrage se fait vers six mois et le débourrage à la selle l'année des trois ans. Manipulez régulièrement votre poulain notamment en l'habituant au licol très tôt afin qu'il ait confiance en l'homme.

Lun.3 MARS

matin

après-midi

Mar.4 MARS

matin

après-midi

Mer.5 MARS

matin

après-midi

Jeu.6 MARS

matin

après-midi

Ven.7 MARS

matin

après-midi

Sam.8 MARS

matin

après-midi

Dim.9 MARS

matin

après-midi

Lun.10 MARS

matin

après-midi

Mar.11 MARS

matin

après-midi

Mer.12 MARS

matin

après-midi

Jeu.13 MARS

matin

après-midi

Ven.14 MARS

matin

après-midi

Sam.15 MARS

matin

après-midi

Dim.16 MARS

matin

après-midi

Principes de la position du cavalier

Après avoir placé le cavalier sur son cheval et lui avoir indiqué les différentes tenues de rênes, nous allons étudier en détail la position qu'il doit avoir.

Nous recommandons aux commençants de ne pas négliger la bonne tenue dès les premières leçons; ils prendraient vite de mauvaises habitudes dont ils auraient peine plus tard à se défaire. Si, au contraire, dès le début, ils apportent une grande attention, les difficultés seront promptement surmontées.

Pour faciliter cette étude, et ne rien oublier d'important, nous diviserons le corps du cavalier en trois parties:

1. De la tête à la ceinture
2. De la ceinture aux genoux
3. Des genoux à la pointe du pied

Première partie

La tête doit être haute, sans raideur, bien mobile sur le cou, pouvant se porter facilement à droite ou à gauche; la poitrine doit être saillante en avant; les épaules effacées, bien sûr la même ligne; les bras tombant naturellement, les coudes au corps, et formant avec l'avant-bras un angle droit; l'avant-bras sera légèrement arrondi le long de la ceinture. Les poignets distants l'un de l'autre de sept à huit centimètres seront éloignés de la ceinture de cinq à six centimètres. Ce serait une faute de laisser les bras allongés ; les poignets seront agiles et les doigts souples, toujours prêts à raccourcir ou à allonger les rênes suivant les besoins du cavalier. Il faut une grande souplesse dans la ceinture; le rein doit être creux. C'est dans cette région du rein que se passent les mouvements de rotation du haut du corps du cavalier.

Deuxième partie

De la hanche au genou, la partie du siège du cavalier doit être lourde sur la selle; la cuisse sera posée bien à plat sur la selle, elle sera adhérente aux quartiers.

Pour cela il n'est pas nécessaire au cavalier de déployer une grande force, ni d'exercer une grande pression.

Cette position des cuisses sur leur plat est de la plus haute importance. Sans elle pas de bonne tenue possible, pas de sécurité pour le cavalier. Que le cheval vienne à être brusquement surpris et fasse un écart, si les cuisses et les genoux du cavalier sont éloignés des quartiers de la selle, il y aura certainement un déplacement d'assiette; si, au contraire, l'adhérence que nous prescrivons existe, le cavalier, sans grand effort, rattrapera son centre de gravité.

Le cavalier doit creuser les reins et alors les cuisses viennent sans effort s'appliquer par leur partie plate sur la, selle; cette flexion des reins donne une grande indépendance aux épaules. Les genoux seront fixes et appliqués contre le bourrelet de la selle, C'est par le mouvement de rotation en dedans de la cuisse que le cavalier obtiendra l'adhérence à la selle/et la fixité des genoux...

Il faut que le siège du cavalier soit bien placé sur l'avant de la selle, de manière à ce que le cavalier ne repose pas sur Tenfourehure; il faut que le siège pèse également à droite et à gauche par suite de la lourdeur du poids du cavalier. Il évite ainsi les à-coups, et, chez un cheval sensible, un à-coup du siège équivaut à une attaque et le cavalier serait fort étonné de trouver chez son cheval des défenses ou des allures désagréables qu'il ne saurait pas avoir provoquées et qui né proviendraient que. de son défaut d'assiette,....

Troisième partie

Nous avons dit que le mouvement de rotation de la cuisse en dedans l'amène sur son plat et assure la fixité du genou; par suite de cette position du genou, les jambes tombent naturellement, les mollets sont en dehors, et la pointe du pied légèrement en dedans.

Les mouvements de la jambe, par suite de la structure de son articulation avec la cuisse, ne peuvent être que des mouvements de flexion. Le genou étant bien fixé contre la selle, les mouvements de la jambe se feront d'avant en arrière; tout autre déplacement entraînerait forcément celui du genou et partant la perte de l'équilibre.

C'est la jambe qui joue le plus grand rôle dans le déplacement du poids chez le cheval, il ne faut donc pas la mouvoir hors de propos.

L'articulation du pied avec la jambe doit être assouplie par des exercices fréquents de flexion et d'extension, car, dans les mouvements du pied, la jambe doit être assurée et le pied doit pouvoir se porter en haut ou en bas, à droite ou à gauche sans aucune réaction pour la jambe. Nous verrons l'importance de ce principe en nous occupant de l'éperon.

C'est également par là jambe que nous demandons au cheval les allures du pas, du trot, du galop.

Source: « *Principes d'équitation* » ERNEST LALANNE 1880.
aux éditions A. DEGORCE-CADOT

Lun.17 MARS
matin
après-midi

Mar.18 MARS
matin
après-midi

Mer.19 MARS
matin
après-midi

Jeu.20 MARS
matin
après-midi

Ven.21 MARS
matin
après-midi

Sam.22 MARS
matin
après-midi

Dim.23 MARS
matin
après-midi

Lun.24 MARS
matin
après-midi

Mar.25 MARS
matin
après-midi

Mer.26 MARS
matin
après-midi

Jeu.27 MARS
matin
après-midi

Ven.28 MARS
matin
après-midi

Sam.29 MARS
matin
après-midi

Dim.30 MARS
matin
après-midi

Sortir en compétition

Après quelques années, après avoir pris de l'assurance, le cavalier peut avoir envie de se confronter aux autres lors de compétitions. Sortir en concours est un excellent but pour parfaire son équitation et l'occasion de passer des dimanches sympas entre passionnés. Même si certaines disciplines sont accessibles dès le Galop 2, il est nécessaire d'être prêt techniquement pour envisager de sortir en concours, sinon la compétition n'est plus un plaisir. N'hésitez pas à en discuter avec votre moniteur qui vous dira si vous êtes prêt à franchir le pas. Comme dans tout sport, la compétition ne se prépare pas à la légère ou au dernier moment et nécessite un entraînement régulier. Sortir en concours nécessite d'être disponible souvent la veille de la compétition pour préparer votre cheval, de se lever tôt le dimanche pour embarquer votre compagnon et de retourner à l'écurie après la compétition pour dénatter, mettre des bandes de repos… Savoir relativiser les échecs comme les performances permet de garder le plaisir de la compétition. Votre coach saura analyser votre contre-performance et vous donner les moyens de vous surpasser lors du prochain concours. Quant à la victoire, la plus belle est celle que vous avez effectuée vis-à-vis de vous-même en ayant fait progresser votre cheval.
La Fédération Française d'Équitation prévoit quatre séries de compétitions : la compétition Club pour un premier accès vers les concours à cheval et à poney, la compétition pour les cavaliers de 18 ans et moins montant des poneys dans les trois disciplines olympiques, la compétition Amateur dans une optique de loisirs sportifs et la compétition Pro destinée aux meilleurs cavaliers qui s'inscrivent dans une démarche de haut niveau, vivier des équipes de France pour les grandes échéances internationales.

Liz, la courageuse

La Danoise Liz Hartel est l'une des premières femmes à concourir en dressage aux Jeux Olympiques, celles-ci ayant été autorisées de le faire en 1952. En 1944, la jeune femme, alors âgée de 23 ans et enceinte, a eu une poliomyélite qui l'avait laissée paralysée. Progressivement, elle parvient à réactiver la plupart de ses muscles, tout en restant paralysée en dessous des genoux. Après trois ans de rééducation, elle remonte à cheval et se classe deuxième aux championnats dans l'épreuve féminine de dressage. En 1952, elle est sélectionnée pour représenter le Danemark aux Jeux Olympiques d'Helsinki. Alors même qu'elle doit être aidée pour monter et descendre de cheval, elle parvient à décrocher une médaille d'argent, exploit qu'elle renouvelle quatre ans plus tard à Stockholm en 1956, battant des cavaliers valides… et masculins.
Depuis 1996, le dressage fait partie des disciplines des Jeux paralympiques.

Monter à cru

Monter à cru (sans selle) peut être un excellent exercice pour perfectionner son assiette tout en ayant la merveilleuse sensation de ne faire qu'un avec sa monture. Il n'y a pas si longtemps, dans les années 1970-1980, les poneys étaient montés sans selle et les jeunes cavaliers partaient à cru sur un cross ou un parcours de saut d'obstacles avec leurs poneys shetlands ! Pour monter à cru (les anciens disaient à poil, d'où l'origine de l'expression actuelle qui signifie dévêtu...) les premières fois, faites-le avec un poney ou un cheval de petite taille confortable et plutôt rond (pour éviter le mal aux fesses...) dans un manège ou une carrière bien clos. Bien vite, vous prendrez de l'assurance et galoperez tels les Indiens d'Amérique. Adoptez le régime sans selle pour monter à poil !

NB : Contrairement au cavalier sur la photo ci-dessus, portez un casque et mettez un filet à votre cheval

Trucs et astuces

Vous pouvez calculer le poids de votre cheval à 25 kg près, sans avoir à le peser (difficile d'avoir sous la main une bascule pour pouvoir le faire...) grâce à deux formules.

- *1ère méthode:*
  Périmètre thoracique (en cm) X 4, 3 + hauteur au garrot (en cm)X 3 - 785

- *2ème méthode:*
  Tour de poitrine (en cm) X 80
  Pour mesurer le périmètre thoracique: partir de la base du garrot, passer par le passage de sangle, puis revenir à la base du garrot de l'autre côté.
  Tour de poitrine: derrière le garrot puis descendre jusqu'au bas du poitrail.

Lun.31 MARS

matin

après-midi

Notes

Mois d'Avril

Va, galope et jette tes soucis aux étoiles.

Proverbe arabe

De la manière de tenir les rênes de bridon, de les raccourcir, de les allonger

Nous recommandons expressément aux commençants de ne faire usage que des rênes de bridon. Ils devront donc faire un nœud aux rênes du mors qu'ils laisseront retomber sur l'encolure. Si, en effet, pendant le cours de la leçon, le cavalier éprouve des déplacements d'assiette et qu'il se rattrape aux rênes, il provoquera moins de défenses de la part du cheval avec les rênes du filet qu'avec les rênes du mors.

Le cavalier donc, après avoir enfourché son cheval, doit prendre une rêne de bridon dans chaque main et les tenir bien égales.

Chaque rêne doit être prise à pleine main, le petit doigt en dessous et passer entre le petit doigt et l'annulaire, les autres doigts fermés, l'extrémité de la rêne sortant entre l'index et le pouce appuyé sur le plat de la rêne. Les poignets seront tenus au même niveau.

Pour raccourcir ses rênes on devra prendre avec les deux premiers doigts de la main droite l'extrémité des rênes de la main gauche, laisser glisser cette même main gauche dans une plus ou moins grande étendue, suivant le besoin; reprendre ensuite l'extrémité des rênes de la main droite avec les deux premiers doigts de la main gauche et laisser glisser la main droite à la même hauteur que la main gauche de façon à ce que les rênes soient parfaitement égales.

Pour allonger les rênes, il suffit de relâcher doucement les doigts qui les tiennent et de ramener bien également les mains vers spi, en les laissant glisser sans tirer sur la bouche du cheval. : Pour passer les rênes dans une seule main, le cavalier, tenant toujours bien la rêne gauche entre le petit doigt et l'annulaire, tourne la main gauche; les ongles en dessous et ouvre la main en passant l'index par-dessus l'extrémité de la rêne qui ressort alors entre le médius et l'index; il laisse glisser sa main droite vers lui et, l'inclinant à gauche, il place la rêne droite entre le pouce et l'index de la main gauche qui tient alors solidement les deux rênes.

Source : *« Principes d'équitation »* ERNEST LALANNE 1880.
aux éditions A. DEGORCE-CADOT

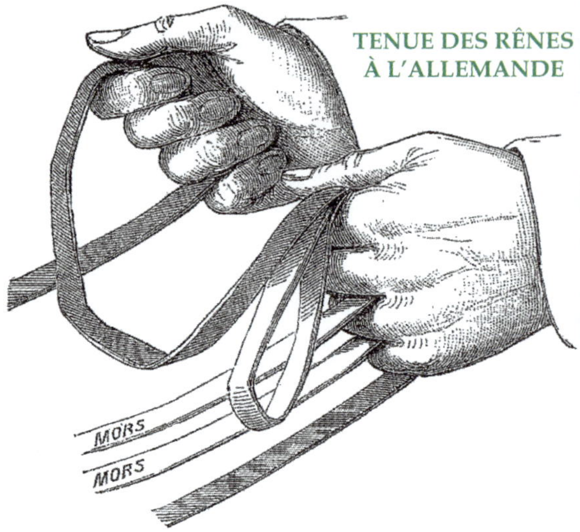

TENUE DES RÊNES À L'ALLEMANDE

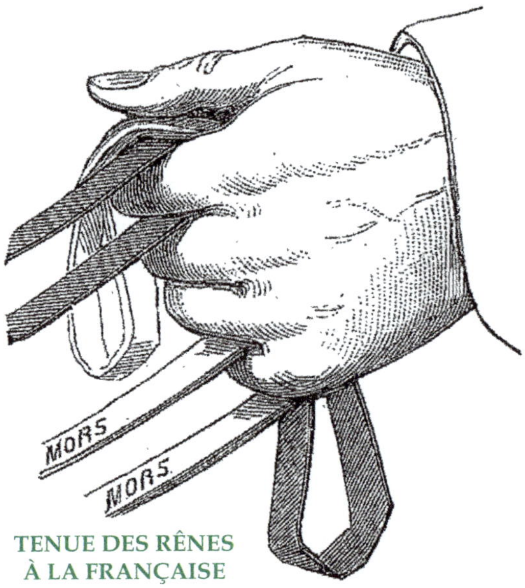

TENUE DES RÊNES À LA FRANÇAISE

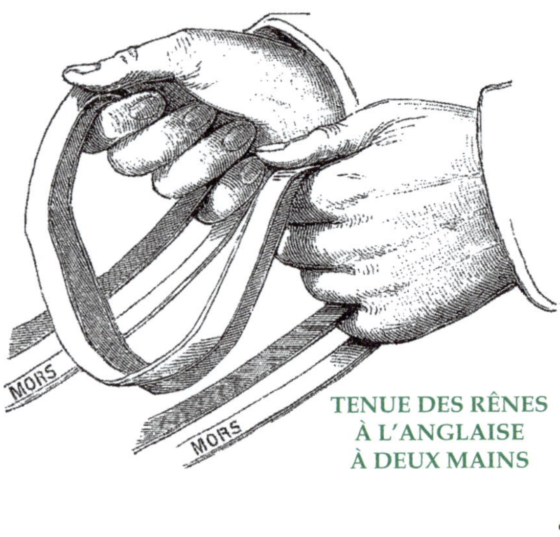

TENUE DES RÊNES À L'ANGLAISE À DEUX MAINS

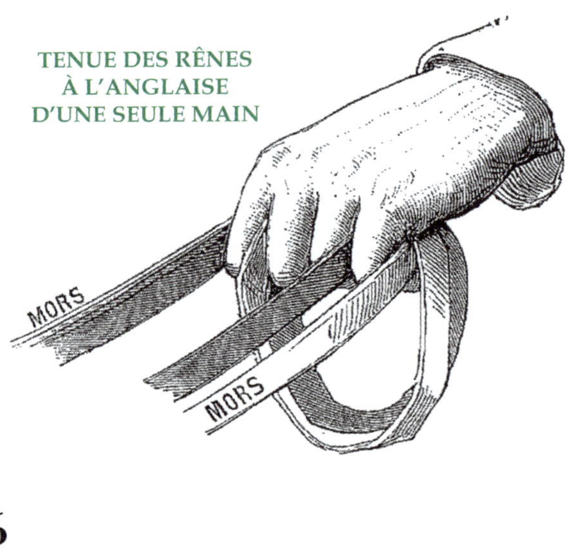

TENUE DES RÊNES À L'ANGLAISE D'UNE SEULE MAIN

Cheval de légende :
le Centaure

QUÊTE du Graal des cavaliers – ne faire qu'un avec sa monture, le Centaure, mi homme mi cheval est avant tout un personnage de la mythologie grecque. Le plus célèbre d'entre eux, Chiron, fils de Philyra et de Chronos était un sage. Élève d'Apollon et d'Artémis, il fut le premier professeur de médecine et de stratégie. Il eut comme élèves Ulysse, Achille, Nestor, Pelée... Blessé par un tir accidentel d'Hercule, il offrit son immortalité à Prométhée. En échange, les Dieux lui proposèrent une place parmi les étoiles en devenant le Sagittaire. Malheureusement Chiron ne représentait pas la majorité des Centaures qui étaient d'affreux jojos paillards, violents et ivrognes...

Race : le poney connemara

Originaire du sud-ouest de l'Irlande de la région dont il tient son nom, ce grand poney est robuste, sociable et courageux.
Au cours des siècles, la race connemara a été fortement influencée par les chevaux ibériques (on dit que des chevaux rescapés du naufrage de l'Invincible Armada au large des côtes de l'Irlande se sont reproduits avec les poneys locaux), puis par les pur-sang arabe et anglais.
D'une taille d'environ entre 1 m 28 et 1 m 48 le connemara est un poney compact avec une bonne cage thoracique sur des membres courts couvrant beaucoup de terrain. Sa tête est de taille moyenne avec un grand espace entre deux grands yeux avec des ganaches relativement développées. Poney de sport talentueux et équilibré, le connemara est aussi par sa taille et son caractère le poney de famille par excellence. Réputé pour son coup de saut, le connemara excelle en concours de saut d'obstacles et en concours complet, sans doute parce qu'il a sauté bon nombre de murets et autres obstacles naturels lors des chasses au renard dans son pays d'origine.

Notes

Mar.1er AVRIL
matin
après-midi

Mer.2 AVRIL
matin
après-midi

Jeu.3 AVRIL
matin
après-midi

Ven.4 AVRIL
matin
après-midi

Sam.5 AVRIL
matin
après-midi

Dim.6 AVRIL
matin
après-midi

Lun.7 AVRIL
matin
après-midi

Mar.8 AVRIL
matin
après-midi

Mer.9 AVRIL
matin
après-midi

Jeu.10 AVRIL
matin
après-midi

Ven.11 AVRIL
matin
après-midi

Sam.12 AVRIL
matin
après-midi

Dim.13 AVRIL
matin
après-midi

Le cheval sur la route

Considérés comme étant des véhicules, les cavaliers et les meneurs sont donc soumis au Code de la route sur la voie publique. Ils doivent suivre le bord droit de la chaussée et respecter les panneaux de signalisation. Certaines voies sont interdites aux cavaliers comme les autoroutes et les quatre voies ou encore les chemins des propriétés privées à moins que pour ces derniers, ils aient eu l'autorisation du propriétaire Les cavaliers en extérieur veilleront aussi à ne pas gêner les autres usagers de la route.

Le Code de la Route n'impose pas aux cavaliers de porter de nuit une lanterne. Mais pour des raisons évidentes de sécurité, il est vivement conseillé de se signaler de nuit en portant un gilet ou un brassard réfléchissant.

À côté du Code de la Route proprement dit, les cavaliers veilleront à respecter des règles de bonne conduite. En forêt, ils emprunteront seulement les chemins autorisés aux cavaliers (ceux-ci sont signalés en forêt domaniale) et éviteront d'aller dans les sous-bois. Toute barrière ouverte sera fermée après passage. De même le cavalier évitera de passer dans les cultures. Lorsqu'il croise en chemin un autre cavalier, piéton ou cycliste, il repassera au pas et le saluera. Tout cavalier a le devoir de respecter la nature, notamment en évitant de jeter des papiers et autres détritus en dehors des poubelles. Ces simples règles de courtoisie et de respect permettent de donner une image positive des cavaliers auprès des agriculteurs et des autres usagers de la nature.

Répétition au Cadre Noir de Saumur

Les soins courants

Le cheval n'est pas un vélo qu'on range après utilisation. C'est ce qui fait son charme mais nécessite d'être vigilant. Avant de monter, lors du pansage, vérifiez que votre cheval est en bonne santé, qu'il est attentif et n'a pas l'air abattu. S'il se couche en regardant son ventre, il a peut-être des coliques. Dans ce cas, prévenez votre moniteur si vous êtes dans un club ou bien marchez le cheval en main et surveillez en mettant votre oreille contre son ventre ; que son transit intestinal fonctionne. Si ce n'est pas le cas et qu'il ne fait pas de crottins, appelez votre vétérinaire. Avant de monter, vérifiez aussi que votre cheval n'est pas blessé, notamment au passage de sangle, et que ses membres ne sont pas engorgés.

Si votre cheval est raide à la sortie du box, marchez-le en main pendant 5-10 minutes puis faites un temps de pas d'un bon quart d'heure une fois en selle afin qu'il se délie. Si votre cheval boîte, mettez pied à terre, vérifiez si le membre ou le sabot n'est pas chaud ainsi que l'état de la ferrure et si un caillou ne s'est pas glissé dans le pied. Douchez longuement le membre malade puis mettez votre cheval au repos. Si au bout de 48 heures la boiterie persiste, appelez votre vétérinaire.

Après être monté, douchez les membres de votre cheval à moins qu'il fasse froid. S'il fait très chaud, vous pouvez le doucher en entier, puis après avoir enlevé la majeure partie de l'eau avec un couteau de chaleur, le faire brouter en main pour qu'il sèche au soleil. Au box, vérifiez si votre cheval a de l'eau et s'il a un abreuvoir automatique que celui-ci fonctionne et qu'il est propre. Si vous n'avez pas douché votre cheval, brossez les membres avec un bouchon pour enlever le sable et vérifiez s'il n'y a pas de petites blessures. Si votre cheval a transpiré, bouchonnez-le avec de la paille jusqu'à ce qu'il soit sec. S'il a une couverture, remettez-la que lorsqu'il est sec.

Trucs et astuces

Pour fabriquer une porte selle simple et qui ne prend pas de place, attachez une ficelle de la longueur de votre selle à un barreau du box, et mettez au bout de la ficelle un bout de bois de 40 cm de long et de 5 cm environ de diamètre, en attachant la ficelle au milieu du morceau de bois. Posez votre selle sur la ficelle et calez le bâton derrière le troussequin.

Lun.14 AVRIL
matin
après-midi

Mar.15 AVRIL
matin
après-midi

Mer.16 AVRIL
matin
après-midi

Jeu.17 AVRIL
matin
après-midi

Ven.18 AVRIL
matin
après-midi

Sam.19 AVRIL
matin
après-midi

Dim.20 AVRIL **Pâques**
matin
après-midi

Lun.21 AVRIL **Lundi Pâques**

matin

après-midi

Mar.22 AVRIL

matin

après-midi

Mer.23 AVRIL

matin

après-midi

Jeu.24 AVRIL

matin

après-midi

Ven.25 AVRIL

matin

après-midi

Sam.26 AVRIL

matin

après-midi

Dim.27 AVRIL

matin

après-midi

Les anciennes races françaises

Jusqu'à l'apparition des races modernes au XIXe siècle, chaque région de France avait sa propre race de cheval ou de poney de selle. Certaines d'entre elles sont parvenues jusqu'à nous mais la plupart ont disparu suite aux réquisitions successives de l'armée particulièrement pendant les guerres napoléoniennes, grandes utilisatrices de chevaux.

PUR SANG ANGLAIS

Le cheval limousin était très réputé, notamment comme remonte pour les armées. **Le cheval auvergnat** était d'un type proche mais plus petit et rustique.

Le cheval navarrin (peut-être la race du cheval blanc d'Henri IV de Navarre ?) était issu de croisements entre des chevaux arabes et andalous. **Le cheval de l'Ariège** existe toujours, il s'agit du **cheval de Mérens,** petit cheval rustique à la robe noire. De même, **le poney landais** qui avait de devenir un poney de sport et de loisirs servait aux chasseurs pour se dissimuler et poser leur fusil pour viser lorsqu'ils chassaient le gibier d'eau dans les marais.

ÉTALON ARDENNAIS

Le cheval médocain qui vivait dans la partie sud du département de la Gironde était issu de croisement entre des juments indigènes avec des étalons anglais ou anglo-normand.

Rendu célèbre par Crin Blanc, **le cheval de la Camargue** est le cheval de travail des gardians dans le delta du Rhône; il est de petite taille, agile et rustique, toujours de robe grise. La Corse avait sa propre race de poneys qui toisaient moins d'1 mètre 35 de robe alezane, noire ou baie.

Le bidet breton était un petit cheval de selle élevé dans les Monts d'Arrée et les laudes bretonnes. Une race semblable existait aussi dans le Cotentin, race qui a servi à créer **le poney français de selle**.

La Normandie était célèbre pour **sa race anglo-normande**, ancêtre du Selle Français.

Le cheval Lorrain, avec beaucoup de sang arabe était réputé pour leur courage, leur résistance et leur longévité. L'Alsace possédait aussi une race de petits chevaux rustiques. Le Morvan avait aussi sa propre race de grands poneys dont le type actuel plus proche serait **le poney connemara**, race introduite dans les années 1970 pour remplacer **le petit cheval morvandiau**.

CHEVAL CORSE

ÉTALON ANGLO-NORMAND

RACE LANDAISE ET CAMARGAISE

Illustrations issues de l'ouvrage « *Les Races chevalines* »
par M. le Dr L. DE SIMONOF et M. J. DE MOERDER 1880.
aux éditions LIBRAIRIE AGRICOLE DE LA MAISON RUSTIQUE

Lun.28 AVRIL

matin

après-midi

Mar.29 AVRIL

matin

après-midi

Mer.30 AVRIL

matin

après-midi

Notes

Mois de Mai

Faites du cheval un compagnon et non un esclave, vous verrez quel ami extraordinaire il est.

Nuno Oliveira

Cheval de légende :

Jappeloup

REMIS à l'honneur en 2013 par le film de Christophe Dugay avec Marina Hands et Guillaume Canet, Jappeloup a marqué l'histoire des sports équestres par son habilité sur les barres et sa rapidité. Pourtant ce cheval de petite taille issu d'un père trotteur et d'une mère pur-sang quasiment inconnus n'était pas prédestiné à devoir un champion de saut d'obstacles. Sa complicité avec Pierre Durand qui a su déceler son coup de saut fantastique lui a permis de remporter de nombreux titres : champion de France en 1982, champion d'Europe en 1987, victoires en coupes du Monde (où avaient lieu les célèbres affrontements entre le noir Jappeloup et le blanc Milton monté par le Britannique John Witaker) et surtout l'or individuel olympique à Séoul en 1988 qui fut une belle revanche sur les Jeux Olympiques de Los Angeles en 1984 où la chute de Pierre Durand et la fuite de Jappeloup furent immortalisées par les caméras du monde entier.

Race : le trotteur français

Longtemps appelé demi-sang trotteur, le trotteur français est apparu en Normandie au milieu du XIXe siècle à partir de croisements entre chevaux anglo-normands croisés, pur-sang anglais et norfolks anglais.
Sa taille se situe entre 1,60 m et 1,70 m. Sa tête au profil rectiligne ou busqué, avec un front large, des oreilles longues écartées, des naseaux ouverts et des yeux vifs est souvent épaisse et étroite. Taillé pour le trot, d'où son nom, il est doté d'épaules puissantes, d'un garrot très marqué et d'un poitrail profond, parfois étroit. Il a un dos droit, et des reins développés, jambes longues et musclées. Son arrière-main est forte et croupe inclinée, longue et large.
Principalement destiné aux courses de trot (attelé et monté), le trotteur est aussi apprécié sous la selle grâce à sa générosité et son bon mental. Le trotteur est un cheval rustique et résistant, au caractère énergique et courageux.

Les plantes toxiques

Un certain nombre de plantes sont toxiques pour les chevaux, certaines étant mortelles. Même si la plupart des chevaux ont appris instinctivement avec leur mère quand ils étaient poulains quelles sont les plantes comestibles pour eux, il est utile de reconnaître les principales plantes toxiques, surtout si votre cheval vit au box :

Le buis, arbuste décoratif à feuilles persistantes.

Le chêne dont la toxicité provient des glands du fait de la présence de tannins.

La cytise est un arbre de 3 à 6 m ayant des feuilles caduques, des fleurs jaunes et des fruits en gousses. Le cheval est particulièrement sensible à cette plante, qui peut entraîner des difficultés respiratoires.

La fougère peut provoquer des hémorragies nasales si le cheval en consomme beaucoup.

L'if, arbuste conifère ornemental pouvant atteindre 15 m de hauteur est mortel pour le cheval.

Le laurier rose est un arbuste décoratif pouvant atteindre 4 m de hauteur dont les fleurs sont de couleur rose, blanche, saumon ou jaune.

Le laurier cerise dont les feuilles sont de couleur vert-pomme est un arbuste en massifs mortel pour le cheval.

Le lupin est une plante toxique dont les symptômes d'empoisonnement sont des signes nerveux des coliques et des difficultés respiratoires.

Le robinier faux acacia est un arbre qui mesure jusqu'à 25 mètres ayant des fleurs blanches et parfumées, et des fruits en forme de haricots.

Le séneçon pousse généralement en bordure de chemins ou dans les prairies. Cette plante est toxique qu'elle soit fraîche ou sèche.

Arbuste servant à faire des haies, **le thuya** a des feuilles qui contiennent des tanins toxiques pouvant entraîner des coliques et des convulsions.

De manière générale, évitez d'attacher votre cheval à proximité d'une haie.

Notes

Jeu.1er MAI

après-midi

Ven.2 MAI

après-midi

Sam.3 MAI

après-midi

Dim.4 MAI

après-midi

Lun.5 MAI

matin

après-midi

Mer.6 MAI

matin

après-midi

Jeu.7 MAI

matin

après-midi

Jeu.8 MAI

matin

après-midi

Ven.9 MAI

matin

après-midi

Sam.10 MAI

matin

après-midi

Dim.11 MAI

matin

après-midi

Les métiers du cheval

Avec plus 68000 emplois, la filière équestre est le premier employeur du secteur sportif en France.
L'équitation a été aussi le premier sport à se doter d'une convention collective, la convention collective des centres équestres.
Les métiers du cheval sont multiples et variés: moniteur, maréchal-ferrant, palefrenier-soigneur, vétérinaire, éleveur, sellier, cavalier professionnel, jockey, entraîneur de chevaux de course…
Ce sont des métiers passionnants et proches de la nature. Mais comme tous les métiers liés aux animaux, ils demandent de ne pas compter son temps notamment le week-end. La plupart sont « physiques » et s'exercent à l'extérieur par tous les temps. Vérifiez le degré de votre passion avant de vous lancer, notamment en donnant des coups de mains à votre club.

Devenir propriétaire

Après avoir appris à monter et acquis de l'expérience dans un club, il est légitime de vouloir acquérir son propre cheval pour développer une complicité unique et progresser ensemble. Généralement, le premier cheval qu'on achète est le « chouchou » que l'on monte dans son club et qu'on laisse en pension dans celui-ci. Si votre cheval préféré n'est pas à vendre ou que vous souhaitez acheter une monture pour faire de la compétition, entourez-vous de professionnels afin que cet achat ne tourne pas au cauchemar. Demandez conseil à votre moniteur qui vous connaît bien et saura vous conseiller pour acquérir le cheval de vos rêves. Que l'achat se fasse auprès d'un particulier, d'un marchand, d'un éleveur ou d'un centre équestre, essayez plusieurs chevaux pour choisir celui qui sera votre compagnon et une fois la perle rare trouvée, demandez qu'une visite vétérinaire d'achat soit faite afin de vérifier que votre futur compagnon soit en parfaite santé et soit apte à la discipline équestre auquel vous le destinez. Enfin, n'oubliez pas l'adage « à jeune cavalier, vieille monture » et choisissez un cheval ou poney d'expérience qui vous aidera à progresser, s'il s'agit de votre premier cheval. Ceci est d'autant plus valable s'il s'agit d'un poney destiné à un enfant.

Lun.12 MAI

matin

après-midi

Mar.13 MAI

matin

après-midi

Mer.14 MAI

matin

après-midi

Jeu.15 MAI

matin

après-midi

Ven.16 MAI

matin

après-midi

Sam.17 MAI

matin

après-midi

Dim.18 MAI

matin

après-midi

Lun.19 MAI
matin
après-midi

Mer.20 MAI
matin
après-midi

Jeu.21 MAI
matin
après-midi

Jeu.22 MAI
matin
après-midi

Ven.23 MAI
matin
après-midi

Sam.24 MAI
matin
après-midi

Dim.25 MAI
matin
après-midi

Question de taille

Si vous voulez acheter un poney à votre enfant et que celui-ci a déjà une dizaine d'années, préférez un poney d'un mètre trente et plus qu'il pourra monter plus longtemps plutôt qu'un petit poney dont il profitera moins longtemps car il sera devenu vite trop grand pour le monter à moins qu'il y ait des petits frères et sœurs derrière pour prendre la relève.

Un compagnon pour votre cheval

Animal grégaire par excellence, le cheval s'ennuie quand il est seul. Si vous n'avez pas la possibilité d'offrir un compagnon à votre cheval, vous pouvez partager son pré avec une chèvre, un mouton... Les chevaux s'entendent très bien avec les chiens et les chats : d'ailleurs, il est n'est pas rare dans les écuries où il y a des minous de les voir faire une sieste sur le dos des chevaux.
Certains chevaux se lient d'amitié avec des poules ou des lapins mais évitez d'en mettre dans le box de votre cheval, celui-ci risque d'écraser son compagnon lapin en se couchant.

Les trois allures du cheval

Les trois allures du cheval sont:
le pas, le trot et le galop.

LE PAS

On croit généralement que le pas est l'allure la plus simple et qui n'exige aucun travail; c'est une erreur. Le pas est une allure des plus difficiles, car le poids déplacé ne vient pas facilement l'entretenir, et ce n'est que par la force transmise du cavalier et un travail constant qu'on arrivera à maintenir le pas régulier et prompt.

Quelle que soit l'allure à laquelle on veuille faire passer le cheval, il faut commencer par le rassembler.

Dans ces conditions, pour faire partir le cheval au pas, il faut ébranler la masse par une pression de jambes, deuxième division (cette pression sera plus ou moins énergique suivant la sensibilité du cheval); fixer les mains pour recevoir le poids déplacé par les jambes; diminuer l'effet de mains, sans laisser la tête du cheval dévier, soit à droite, soit à gauche, au moment où un nouvel appui des jambes fait partir le cheval.

Une fois l'animal en mouvement, il faut entretenir l'allure régulière sans que de lui-même il ne s'arrête ou ne prenne le trot.

Pour cela, il faut maintenir la tête du cheval bien en ligne droite par une grande égalité des rênes et entretenir l'allure par le jeu des jambes alternées.

Ainsi, le cavalier devra fermer la jambe droite au moment où l'épaule gauche du cheval quitte son point d'appui sur le sol pour se porter, en avant. Si la jambe droite du cavalier saisit bien au passage cette élévation de l'épaule gauche, la jambe se tendra avec beaucoup plus d'énergie et le pas sera plus allongé.

Même travail pour l'effet de jambe gauche du cavalier lors de l'élévation de la jambe droite du cheval.

Ce travail des jambes, bien entendu, ne se fait que par intervalles; soit lorsque Fon craint que le cheval ne s'arrête, soit lorsque l'on veut allonger l'allure, soit lorsque l'on veut changer de direction.

Ce serait une erreur du cavalier d'employer les deux jambes simultanément; car, le poids déplacé venant trop promptement embarrasser les épaules du cheval, il se mettra à trottiner, et, si c'est un cheval d'action, on ne le ramènerait au pas qu'avec de grands efforts.

Source: *« Principes d'équitation »* ERNEST LALANNE 1880.
aux éditions A. DEGORCE-CADOT

Trucs et astuces

Pour faire fuir les mouches de votre cheval, mettez dans sa ration de granulés 2 cuillères à soupe de poudre d'ail. L'odeur que dégage la transpiration du cheval éloigne les mouches. En plus, l'ail rend les poils brillants.

Vous pouvez aussi utiliser comme répulsif deux gouttes d'huile essentielle de citronnelle que vous mettez sur le toupet et à la base de la queue de votre cheval.

Lun.26 MAI
matin
après-midi

Mar.27 MAI
matin
après-midi

Mer.28 MAI
matin
après-midi

Jeu.29 MAI
matin
après-midi

Ven.30 MAI
matin
après-midi

Sam.31 MAI
matin
après-midi

Notes

Mois de Juin

La plus noble conquête que l'homme ait jamais faite est celle de ce fier et fougueux animal, qui partage avec lui les fatigues de la guerre et la gloire des combats.

Georges-Louis de Buffon

Notes

Cheval de légende :
la déesse Epona

NOS ancêtres les Gaulois avaient érigé le cheval en divinité. Il s'agit de la déesse Epona, l'une des rares divinités gauloises adoptées par Rome. Cette « déesse jument » protégeait les chevaux, les cavaliers et par extension les voyageurs mais aussi la fécondité, les sources et les cultures. On retrouve d'ailleurs beaucoup de représentations d'Epona près des sources et autres fontaines.

Les bébés cavaliers

Il n'y a pas d'âge pour découvrir l'équitation. Josette Rabouan, fondatrice du poney-club de la Forêt de Moulière près de Poitiers fait monter des enfants à partir d'un an. Avec des poneys très doux parfaitement dressés et de petite taille, les bambins découvrent l'équitation lors de séances adaptées à leur jeune âge où les comptines, la mise en confiance et la relaxation tiennent une très grande place. Plus tard, les enfants pourront apprendre l'équitation proprement dite mais grâce aux poneys, ils apprendront à avoir confiance en eux, à grandir, à s'ouvrir aux autres, à être autonome, à découvrir la nature et le monde. Les séances de Mme Rabouan font des émules et de plus en plus de poney clubs proposent une activité bébé cavaliers.

Le saviez-vous ?

Alléger le cheval

Cette expression se dit de l'élévation que le cavalier cherche à donner à son cheval en tirant partie de ses forces transmises pour raccourcir ses allures de trot ou de galop. Il fait ainsi valoir son cheval qui s'élève davantage du sol et qui gagne en hauteur ce qu'il perd en vitesse.

On dit aussi alléger un cheval lorsque l'on cherche à donner des allures artificielles à un mauvais cheval par une puissante force transmise du cavalier ; c'est ce qui se passe pour la présentation de certains chevaux dont on veut faciliter la vente.

Ho... La... ! Cette exclamation est un appel fait au cheval pour le calmer dans le cas où, par suite d'une rébellion de sa part, les aides du cavalier sont impuissantes.

Lorsque le cheval, contractant énergiquement son encolure, prend un point d'appui trop fort sur les poignets du cavalier, il est souvent utile pour l'arrêter de se servir de la voix en disant « ho... Là !... » elle est également utile dans le dressage du cheval pour lui faire prendre patience et permettre d'attendre que la force transmise du cavalier puisse avoir son plein effet.

Cette exclamation doit être prolongée, un peu traînante et faite d'une voix sourde et grave. Si on la faisait d'une voix aiguë et criarde, elle aurait pour effet de surexciter le cheval.

Source : *« Principes d'équitation »* ERNEST LALANNE 1880. aux éditions A. DEGORCE-CADOT

Dim.1er JUIN

matin

après-midi

Race : le poney welsh

Cette race originaire du pays de Galles se met en quatre car il existe en fait quatre sections de welsh.
Le welsh mountain ou welsh A est le type ancien de la race, à l'origine de toutes les autres sections. On dit qu'au XVIe siècle, Henri VIII fit abattre toutes les juments de moins de 1,30 m ; une partie d'entre elles se réfugia dans les montagnes galloises, où le sol, le climat et l'influence de sang arabe créèrent cette gravure de poney qu'est le Welsh Mountain. Celui-ci d'une taille de moins d'un mètre 21 se distingue particulièrement par sa tête : petite, surmontée de courtes oreilles bien pointées, avec de grands yeux francs, un front large et un chanfrein concave.
Poney de sport par excellence pour les jeunes cavaliers de 10 à 14 ans environ, le welsh pony (welsh B) doit toiser moins d'un mètre 37. D'un modèle fin, rappelant celui d'un pur-sang arabe en miniature, il est issu des poneys dont se servaient les bergers pour se déplacer dans les montagnes galloises.
De type plus robuste que le welsh pony en raison de l'apport de race cob, le welsh type cob (welsh C) est peu représenté en France. Ce poney de moins d'un mètre 37 peut porter un adulte et excelle aussi bien sous la selle qu'à l'attelage.
Produits d'un croisement de juments Welsh Mountain et d'étalons de guerre espagnols, le welsh cob fut au Moyen âge le cheval d'écuyer par excellence, capable à la fois de porter l'écuyer et toute sa charge sur de longues distances, et de montrer agilité et courage au combat.
Aujourd'hui, c'est un petit cheval robuste qui fait ses preuves aussi bien sous la selle pour le loisir et le sport qu'à l'attelage. Le corps du welsh cob est puissant, monté sur des membres solides. Dans les allures, le genou peut se plier pour qu'ensuite tout l'antérieur s'allonge depuis l'épaule, aussi loin que possible vers l'avant.

Passer ses Galops

Comme le judo et le ski, l'équitation a ses examens qui jalonnent le parcours d'apprentissage. Baptisés Galops, du nom de l'allure préférée des cavaliers, ils sont au nombre de sept (il existe bien des Galops 8 et 9 mais ils sont très rarement passés...). Revus récemment par la Fédération française d'équitation, les Galops mettent l'accent sur la connaissance du cheval en tant qu'animal. Un moyen de comprendre que sa monture n'est pas une bicyclette !

Lun.2 JUIN
matin
après-midi

Mar.3 JUIN
matin
après-midi

Mer.4 JUIN
matin
après-midi

Jeu.5 JUIN
matin
après-midi

Ven.6 JUIN
matin
après-midi

Sam.7 JUIN
matin
après-midi

Dim.8 JUIN
matin
après-midi

Lun.9 JUIN
matin
après-midi

Mer.10 JUIN
matin
après-midi

Jeu.11 JUIN
matin
après-midi

Jeu.12 JUIN
matin
après-midi

Ven.13 JUIN
matin
après-midi

Sam.14 JUIN
matin
après-midi

Dim.15 JUIN
matin
après-midi

Les trois allures du cheval

Les trois allures du cheval sont:
le pas, le trot et le galop.

LE TROT

Le trot n'offre pas les mêmes difficultés comme emploi de jambes, mais exige beaucoup de tact dans la main.
Le trot est une allure diagonale que l'action des jarrets donne plus ou moins prononcée suivant l'énergie du cheval.
Pour avoir un trot régulier et rapide, il faut le faciliter par un soutien de la main, par la dépense plus ou moins énergique de l'élévation des épaules et surtout ne pas déplacer l'équilibre du cheval par des à-coups de mains qui gêneraient le jeu de ses jarrets, le désuniraient ou lui feraient prendre le galop.
Pour mettre le cheval au trot, le cavalier devra d'abord raccourcir légèrement les rênes et fixer les poignets en ayant soin de bien placer la tête du cheval; si elle est basse, l'élever; si elle est élevée, la descendre légèrement, mais la conserver bien en ligne droite devant lui. Le cavalier ensuite fera sentir les jambes, deuxième division, avec un peu plus de force que pour le départ au pas, pour déplacer le poids du centre de gravité sur les épaules, mouvement qui a pour effet immédiat d'obliger le cheval à se porter en avant.
Aussitôt les jambes fermées, il se produit une élévation de la tête du cheval qui tire sur la main du cavalier et que celui-ci devra bien se garder de paralyser par une tension de rênes trop soutenue. Le cavalier ouvrira donc légèrement les doigts pour aider au mouvement; il évitera les à-coups que la projection de son corps en arrière peut lui faire faire malgré lui et qui arrêteraient l'allure du trot.
Pour entretenir l'allure, rester les poignets fixes, ne pas augmenter le point d'appui sur la bouche et exercer de temps à autre de petites demandes répétées de jambes, deuxième division.
Ces petits effets de jambes seront gradués et non pas brusques, ce qui amè-

nerait des à-coups et par suite des irrégularités d'allures qui feraient faire au cavalier des appels de siège. Nous avons déjà dit que chez certains chevaux sensibles des appels de siège équivalent à une attaque.
Pour presser le trot, augmenter la main, c'est-à-dire tendre un peu plus les rênes en même temps que l'on augmentera la pression des jambes. Il est bien entendu que nous ne devons jamais faire une opposition de mains, sans en même temps faire suivre cette opposition d'une pression de jambes plus énergique.
Nous ne saurions trop insister sur ce fait, que les effets de mains et de jambes doivent toujours (à moins de quelques exceptions dont nous parlerons dans le cours de cet ouvrage) être progressifs. Nous allons en démontrer l'importance dans le travail nécessaire pour arrêter le cheval à l'allure du trot.
La locomotion du cheval s'effectue par suite du déplacement du poids de l'arrière-main sur l'avant-main. Si, par une tension brusque des rênes vous essayez d'arrêter votre cheval, vous provoquez une rencontre du poids de l'avant - main avec celui de l'arrière-main, rencontre de poids qui vient se briser sous la selle et amène un déplacement de siège.
Si donc vous voulez arrêter le cheval en évitant ce choc de deux poids en sens contraire, il faut donner le temps aux forces déplacées du cheval de retrouver leur équilibre.
Vous obtenez ce résultat en ralentissant l'allure par un effet de mains qui consiste, à rendre et à reprendre jusqu'à ce que l'on sente diminuer l'impulsion de vitesse et enfin l'arrêt se produire.
J'entends par rendre et reprendre, non pas, comme on le voit faire journellement, porter les bras en avant, puis en arrière.
D'abord vous devez déjà sentir votre cheval dans la main, puisque, au moyen des rênes, vous le soutenez dans sa vitesse; il vous suffira donc d'ouvrir et de refermer les doigts alternativement et graduellement, en gardant toujours bien les coudes au corps, sans mouvements visibles des bras ou des poignets.
C'est au moyen de ce doigté délicat que vous ramenez progressivement le poids de l'avant et de l'arrière-main sous le centre de gravité; qu'alors la vitesse se ralentit et que le cheval passe à l'allure du pas.
À ce moment, il ne faut pas relâcher vos rênes d'un seul coup; il faut, au contraire, conserver votre soutien de mains pendant une vingtaine de mètres à l'allure du pas, en faisant un appui de jambe alternatif, seconde division.
Quand, tout à l'heure, votre cheval trottait, il avait tout son poids dans l'avant-main; en sorte que, si vous rendiez tout à coup la main, le cheval, qui n'a pas eu conscience de ce déplacement de poids qui a changé son allure, pourrait trébucher par suite de ce manque de soutien.
Quand le cheval a retrouvé son aplomb, qu'il a perdu la vitesse acquise, vous pouvez sans crainte lui rendre la main.
C'est par cette gradation habile de la main que vous obtenez un arrêt facile et que vous évitez d'asseoir le cheval sur ses jarrets.

Trot de promenade
C'est le trot dans lequel on recherche moins la rapidité que l'élégance. Pour l'obtenir, il faut élever la main, de manière à ne pas laisser tomber la tête du cheval, avec effets de jambes, deuxième division.
Le cavalier devra, avec le plus grand tact, et sans à-coups, calculer les efforts de son emploi de mains et de ses effets de jambes suivant les actions et la sensibilité du cheval qu'il monte, afin d'éviter des déplacements de poids trop violents que la main aurait beaucoup de peine à maintenir.

Source : « *Principes d'équitation* » ERNEST LALANNE 1880.
aux éditions A. DEGORCE-CADOT

Lun.16 JUIN
matin
après-midi

Mar.17 JUIN
matin
après-midi

Mer.18 JUIN
matin
après-midi

Jeu.19 JUIN
matin
après-midi

Ven.20 JUIN
matin
après-midi

Sam.21 JUIN
matin
après-midi

Dim.22 JUIN
matin
après-midi

Lun.23 JUIN

matin

après-midi

Mer.24 JUIN

matin

après-midi

Jeu.25 JUIN

matin

après-midi

Jeu.26 JUIN

matin

après-midi

Ven.27 JUIN

matin

après-midi

Sam.28 JUIN

matin

après-midi

Dim.29 JUIN

matin

après-midi

L'approche éthologique

Inspirée des techniques des dresseurs américains qui ont observé le comportement du cheval à l'état sauvage dans les plaines de l'ouest américain, l'approche éthologique de l'équitation, ou équitation éthologique est une méthode d'éducation et de dressage basée sur l'étude du comportement. Ici, grâce à des exercices à pied et montés, le cavalier s'adapte au langage corporel du cheval afin de développer une relation de confiance avec lui, mais aussi pour le « désensibiliser » à ce qui est perçu par lui, à tort, comme un danger. Un matériel spécifique est utilisé : un licol américain fait de corde assez fine et comportant un ensemble de nœuds incitant le cheval à céder aux pressions qu'ils peuvent exercer, une longe en corde assez épaisse mesurant entre 3,50 et 4 mètres, utilisée en guise de rênes lors du travail monté et enfin un stick assez long utilisé pour le travail à pied, permettant d'atteindre toutes les parties du corps du cheval. Mais comme Monsieur Jourdain faisait de la prose sans le savoir, beaucoup de cavaliers proches de leurs chevaux font de l'équitation éthologique sans le savoir...

Lun.30 JUIN

matin

après-midi

Le comportement du cheval

Herbivore, le cheval est un animal grégaire qui vit en troupeau où il s'organise socialement et hiérarchiquement. Contrairement à l'homme qui appartient à l'ordre des prédateurs, le cheval est une proie dont la principale réaction du cheval face au danger est la fuite.

Animal très expressif, le cheval a un langage corporel facile à décrypter pour celui qui prend le temps de l'observer. Il possède un système de vision panoramique et monoculaire, c'est-à-dire très vaste et avec une image différente pour chaque œil. Les sens du cheval sont très développés : par exemple, il sent une mouche se poser sur lui et entend le hennissement d'un congénère à plusieurs centaines de mètres. Bien que doté d'une grande sensibilité, le cheval est naturellement programmé par le réflexe d'opposition, ce qui signifie qu'il se déplace dans le sens inverse d'une pression exercée sur lui. Cela lui permet d'éviter d'être écrasé au sein du troupeau. Il possède une excellente mémoire mais ne mesure pas l'écoulement du temps. Bien connaître le comportement du cheval permet de comprendre les réactions qu'il peut avoir face à un danger ou dans l'apprentissage d'une vie domestique qui ne correspond pas forcément à sa nature (monter das un van, vivre au box...)

Notes

Trucs et astuces

Pour enlever les taches sur un cheval gris, frottez-les avec un morceau de charbon de bois ou une lingette pour bébé.

Mois de Juillet

Tu seras pour l'homme source de bonheur et de richesse ; ton dos sera un siège honorifique et ton ventre un signe de richesse. Chaque grain d'orge que t'offrira le pécheur lui procurera l'indulgence céleste.

Le Coran

Cheval de légende :

Ourasi

SURNOMMÉ le « roi fainéant » en raison de son flegme et de sa nonchalance (apparente...), le trotteur français Ourasi a défrayé la chronique dans les années 1980 en étant notamment quadruple vainqueur du Prix d'Amérique. Il est aussi resté invaincu pendant 522 jours, soit près d'un an et demi, dont toute l'année 1986. Durant cette période, il enchaîne 22 victoires consécutives, grâce à l'immense complicité qui l'unissait à son entraîneur-driver, Jean-René Gougeon. Étant l'un des meilleurs trotteurs de l'histoire des courses, il a été élu cheval du siècle. Le Prix d'Amérique 1990 qu'il remporta fut sa dernière course. Ourasi est mort à 33 ans le 12 janvier 2013.

Race : le pur-sang arabe

Considéré comme la plus ancienne race de chevaux de selle, le pur-sang arabe est issu de la péninsule Arabique. Pendant des siècles, il améliora les races élevées en Europe, que ce soient de chevaux de selle, de poneys, ou bien de chevaux de trait. D'un physique fin et élégant, le pur-sang arabe a une tête fine, plutôt carrée, au profil légèrement concave, avec de petites oreilles fines, un front large, de grands yeux, des naseaux ouverts et de larges ganaches, une encolure relativement longue et gracieuse, une épaule inclinée, un corps compact avec un dos court et rectiligne, un rein court et puissant, une croupe horizontale, harmonieuse et musclée. Ses membres fins, secs et résistants. Sa taille variée entre 1,48 m et 1,56 m. Rustique, résistant et très endurant, avec beaucoup d'influx nerveux. Il est utilisé comme cheval de course, de sport - il excelle en endurance - et cheval de « show ».

CONCOURS COMPLET

VOLTIGE

HORSE BALL

Les différentes disciplines équestres

Il y a des multitudes de choses à faire avec un cheval ! La Fédération Française d'Equitation recense 24 disciplines pratiquées en compétition. Tout d'abord, les disciplines olympiques : saut d'obstacles, dressage et concours complet. Ensuite les disciplines présentes aux Jeux Équestres Mondiaux en plus des disciplines olympiques : Attelage, endurance, reining, voltige et para dressage.

(suite page 68)

Notes

Mar.1er JUILLET

matin

après-midi

Mer.2 JUILLET

matin

après-midi

Jeu.3 JUILLET

matin

après-midi

Ven.4 JUILLET

matin

après-midi

Sam.5 JUILLET

matin

après-midi

Dim.6 JUILLET

matin

après-midi

Lun.7 JUILLET

matin

après-midi

Mar.8 JUILLET

matin

après-midi

Mer.9 JUILLET

matin

après-midi

Jeu.10 JUILLET

matin

après-midi

Ven.11 JUILLET

matin

après-midi

Sam.12 JUILLET

matin

après-midi

Dim.13 JUILLET

matin

après-midi

DRESSAGE

POLO

TREZ

EQUIFUN

Les différentes disciplines équestres (suite de la page 67)

D'autres disciplines donnent lieu à un championnat d'Europe comme le TREC (technique de randonnée équestre de compétition qui réunit un parcours d'orientation et de régularité, une épreuve de maîtrise des allures et un parcours en terrain varié), le horse-ball (sorte de basket-ball à cheval) et les pony games (jeux à poney d'inspiration anglo saxonne). Enfin, la FFE propose d'autres disciplines donnant lieu à un championnat de France. Ce sont des disciplines à vocation pédagogique (hunter, equifun, équifeel...) ou d'équitations de tradition et de travail (western, équitations camargue, portugaise, islandaise, doma vaquera). Pour en savoir plus : www.ffe.com/disciplines
Sans oublier les activités non compétitives (promenade, randonnée...) et les courses de trot et de galop (plat et obstacles).
Enfin, le polo « sport des rois et roi des sports » est régi par la Fédération Française de Polo à l'exception du Polo club qui est du ressort de la FFE.

Embarquer

Pour un cheval, embarquer dans un van n'est pas une chose naturelle car il devra monter dans un espace réduit et sombre, ce qui n'est pas rassurant pour cet animal naturellement claustrophobe.
C'est pour cela que l'embarquement d'un cheval doit se faire dans le calme. Abordez le pont du van franchement et droit sans regarder votre cheval et en le laissant libre au niveau de l'encolure, sans tirer s'il refuse d'avancer. En cas d'hésitation, demandez à un aide de tapoter sa croupe avec un stick en se mettant sur le côté afin d'éviter un coup de pied ou d'encadrer le pont avec une longe. Une fois le cheval entré dans le van, demandez à votre aide d'attacher la barre de recul, avant d'attacher le cheval. Attachez-le relativement court pour éviter qu'il ne se retourne et éviter tout risque de prise de longe en faisant un nœud qui puisse se défaire facilement en cas de problème (nœud d'attache), en faisant plusieurs boucles pour que le cheval ne puisse pas le défaire tout seul. Une fois le cheval attaché, demandez à votre aide de refermer le pont. Pour éviter que le cheval recule en tirant au renard, restez à sa tête et sortez du van par la porte de devant une fois que le pont sera refermé.
Pour débarquer, détachez le cheval avant d'enlever la barre de recul en faisant attention qu'il ne fasse pas demi-tour lorsqu'il est seul dans un van à deux places. Le cheval sortira du van en reculant progressivement sans vous bousculer ni vous dépasser lorsqu'il descend.

Le Generali Open de France : le plus grand rassemblement équestre au monde

Chaque année en juillet a lieu une véritable transhumance cavalière vers une seule destination : le Parc équestre fédéral à Lamotte-Beuvron. Ils convergent vers la cité solognote pour disputer le Generali Open de France, objectif de toute une saison de compétition.
Tout d'abord, à l'aube des vacances scolaires d'été, ce sont les poneys montés par leurs cavaliers de moins de 18 ans qui viennent disputer leurs championnats de France, ce qui donne à la « première semaine » un caractère très familial.
La troisième semaine de juillet, place aux championnats Clubs qui concernent principalement les adolescents et adultes montants des chevaux. L'esprit est à la diversité des pratiques équestres pratiquées dans une ambiance de franche camaraderie.
Que ce soit lors de la semaine poney ou club, l'ambiance du Generali Open de France est unique, alliant sport et fête.
Le visiteur qui vient pour la première fois est frappé par le gigantisme de la manifestation : rangées de box, bivouacs à perte de vue, terrains de saut d'obstacles ou de cross, carrières de dressage...
D'ailleurs avec 13 838 cavaliers différents, le Generali Open de France a été reconnu en 2013 par le Livre Guiness des records comme étant la plus grande manifestation équestre au monde.

L'Equirando

Crée en 1961, L'Equirando est le plus grand rassemblement européen de randonneurs cavaliers. Organisé tous les deux ans dans une région différente, le principe en est le suivant : chacun part d'où il veut, quand il veut avec pour seul mot d'ordre : faire au moins 100 km pour se retrouver au rendez-vous pour trois jours de fête et de partage entre passionnés de cheval et de grands espaces. Au programme, gastronomie régionale, animations et spectacles équestres, découverte du site et de ses environs à cheval, sans oublier le point d'orgue du week-end : le défilé de plus de 1 000 chevaux et cavaliers.
L'Equirando junior s'adresse aux jeunes cavaliers de 7 à 17 ans qui viennent avec leur club avec pour vocation de les éveiller à la randonnée à cheval, à la découverte de la nature et aux traditions des différentes régions. Chaque année un thème différent est proposé pour les différentes animations dont le traditionnel défilé costumé.

Mar.14 JUILLET
matin
après-midi

Mar.15 JUILLET
matin
après-midi

Mer.16 JUILLET
matin
après-midi

Jeu.17 JUILLET
matin
après-midi

Ven.18 JUILLET
matin
après-midi

Sam.19 JUILLET
matin
après-midi

Dim.20 JUILLET
matin
après-midi

Lun.21 JUILLET

matin

après-midi

Mar.22 JUILLET

matin

après-midi

Mer.23 JUILLET

matin

après-midi

Jeu.24 JUILLET

matin

après-midi

Ven.25 JUILLET

matin

après-midi

Sam.26 JUILLET

matin

après-midi

Dim.27 JUILLET

matin

après-midi

Les villes du cheval en France

Hippodrome de Chantilly

Plusieurs villes en France se prévalent du titre de capitale ou de cité du cheval en raison de la place que celui y occupe aussi bien par la tradition historique que par l'activité économique.
Sous l'impulsion des princes de Condé et du duc d'Aumale, le cheval est au cœur de l'activité de la ville de Chantilly, Capitale du Cheval, avec le premier centre d'entraînement de chevaux de course en Europe, l'hippodrome, l'un des plus beaux de France, qui accueille de nombreuses courses hippiques dont les plus prestigieuses (Prix de Diane, Prix du Jockey Club) sans oublier le Musée Vivant du Cheval installé dans les Grandes écuries du château.

Cité du Cheval à Maisons-Laffitte

Depuis 1881, date de la création de la première piste d'entraînement par Jacques Laffitte, les chevaux ont modelé le paysage de Maisons-Laffitte, Cité du Cheval, qui est la seule ville française à bénéficier d'un quartier, le Parc où écuries de course ou centres équestres côtoient les habitations. Dans les allées du Parc, spécialement aménagées pour les chevaux, sont fréquentées chaque matin, par les purs sangs rejoignant les pistes du centre d'entraînement et dans la journée, par les poneys et chevaux de selle se rendant en forêt ou aux carrières Molière et des Caves du Nord.

Hippodrome de la Solle

L'hippodrome de la Solle, inauguré en 1862 par Napoléon III, le stade équestre du Grand Parquet récemment rénové où sont organisés de grands événements nationaux et internationaux et le Centre Sportif d'Equitation Militaire permettent aussi à Fontainebleau de se prévaloir aussi du titre de Capitale du Cheval.

Saumur

Cité historique du Cadre Noir, Saumur a aussi le titre de capitale du cheval titre qu'elle arbore fièrement en ayant fait ériger en 1999 la plus grande statue équestre au Monde. En effet, Archeval, œuvre de Christian Renonciat, destrier de douze maîtres de haut en tubes d'acier soudés accueille les visiteurs à l'entrée de la ville.

Le Parc Équestre de Lamotte-Beuvron

Lamotte-Beuvron qui abrite le Parc équestre, siège social de la Fédération Française d'Equitation et théâtre du Generali Open de France, plus grand rassemblement équestre au monde a gagné, quant à elle, la qualité de Cité des Cavaliers.
Quant à la région du cheval, c'est incontestablement la Normandie, terre d'élevage et de cavaliers. C'est sans doute pour cette raison qu'elle accueille cette année les Jeux Équestres Mondiaux qui pour la première fois depuis leur création ont lieu en France.

Le Saviez-vous ?

Forces du cavalier

Le cavalier possède une force qu'on appelle force transmise.
Elle consiste dans le renfermé de la main ou rassemblé; dans la fixité des genoux pour assurer l'assiette du cavalier, dans la pression du fer ou dans l'action de la cravache.

Source : « *Principes d'équitation* » ERNEST LALANNE 1880.
aux éditions A. DEGORCE-CADOT

Forces du cheval

Le cheval possède deux forces : la force musculaire et la force instinctive.
La force musculaire est celle qu'il possède 110 principes d'équitation pour nous porter, ou pour tramer un fardeau quelconque.
La force instinctive est celle dont il se sert pour opposer son poids au commandement du cavalier.

Source : « *Principes d'équitation* » ERNEST LALANNE 1880.
aux éditions A. DEGORCE-CADOT

Trucs et astuces

La glace est un formidable antidouleur qui de plus n'est pas positif au dopage si vous sortez en compétition. En cas de douleur aux membres ou de boiterie, mettez des glaçons dans un sac poubelle, entourez le sac autour du membre puis faites le tenir avec une bande de repos. Si la douleur ou la boiterie persiste, consultez votre vétérinaire.

Mar.28 JUILLET

matin

après-midi

Mar.29 JUILLET

matin

après-midi

Mer.30 JUILLET

matin

après-midi

Jeu.31 JUILLET

matin

après-midi

Notes

Mois de Août

Être heureux à cheval, c'est être entre ciel et terre, à une hauteur qui n'existe pas.

Jérôme Garcin

Cheval de légende :

Phaeton et le char du soleil

RELATÉ par Ovide dans ses métamorphoses, puis beaucoup plus tard sujet d'un très bel opéra de Lully (l'un de mes préférés...), Phaéton est le récit d'un jeune homme téméraire. Fils d'Apollon, le dieu du soleil et de Clyméné, Phaéton veut vérifier sa divine origine. Pour cela, il se rend au palais du Soleil où il rencontre son père. Celui-ci lui propose de faire un vœu qu'il jure d'exaucer sur le Styx, fleuve du serment et de la mort. Le jeune Phaéton demande à conduire le char du soleil rien qu'un jour, demande intrépide car seul Apollon sait gérer les fringants coursiers qui le tirent. Le père tente de dissuader l'audacieux puis à contre cœur lui confie l'attelage céleste. Les chevaux, profitant de la main expérimentée de leur jeune meneur emmènent le Soleil vers le Zodiaque, puis trop près de la terre, asséchant les fleuves. Pour sauver la terre, Zeus foudroya l'imprudent Phaéton qui tomba dans l'Eridan.

Race :
le poney français de selle

Crée à la fin des années 1960, au début du « mouvement poney », le poney français de selle est un poney de croisement, issu à l'origine, du mariage de ponettes d'origine française avec des étalons connemara, new-forest, welsh ou pur-sang arabes.
S'agissant d'un poney essentiellement à vocation sportive, les croisements se font aujourd'hui avec des étalons allemands, hollandais ou belges. D'une taille entre 1 m 25 et 1 m 48, le poney français allie la rusticité du poney avec les qualités d'un cheval de sport. Doué d'un bon caractère, son physique est celui d'un petit cheval : poitrine large, bonne épaule, garrot bien sorti, dos solide, aplombs réguliers. Ses allures sont amples et franches, avec un bon équilibre.

L'équitation aux Jeux Olympiques

L'équitation entre en piste aux 2e Jeux Olympiques modernes qui ont lieu à Paris en 1900, pendant l'Exposition universelle. À l'époque les disciplines olympiques étaient le polo et le saut d'obstacles. Ensuite, furent adoptées au JO, les disciplines que nous connaissons actuellement, le saut d'obstacles, le concours complet et le dressage. La médaille d'or de Dominique Maximin Gardère à Paris fut le premier des 13 titres olympiques remportés par les Français en équitation. Parmi les médailles les plus mythiques, citons celle de Pierre Jonquères d'Oriola qui fut la seule médaille d'or tricolore, tout sport confondu aux Jeux Olympiques de Tokyo en 1964 ; le titre olympique de l'équipe de l'équipe de France de saut d'obstacles à Montréal en 1976 et la médaille d'or remportée à Séoul en 1988 par Pierre Durand et Jappeloup.

Notes

Ven.1er AOÛT

matin

après-midi

Sam.2 AOÛT

matin

après-midi

Dim.3 AOÛT

matin

après-midi

Lun.4 AOÛT
matin
après-midi

Mar.5 AOÛT
matin
après-midi

Mer.6 AOÛT
matin
après-midi

Jeu.7 AOÛT
matin
après-midi

Ven.8 AOÛT
matin
après-midi

Sam.9 AOÛT
matin
après-midi

Dim.10 AOÛT
matin
après-midi

Se promener sur la plage

Se promener ou galoper sur la plage est le rêve de beaucoup de cavaliers. Mais il est indispensable de prendre certaines précautions pour que cette sortie ne tourne pas au cauchemar.

Si vous souhaitez faire une balade sur la plage avec un club, celui-ci s'il est sérieux vous demandera si vous êtes à l'aise aux trois allures (niveau Galop 3-4). En dessous de ce niveau, il est déconseillé de faire une promenade sur la plage, même avec un cheval calme. Choisissez pour votre promenade un club encadré par un moniteur diplômé ayant des chevaux en bonne santé et du matériel en bon état. En effet, il vaut mieux éviter qu'une sangle ou une étrivière casse en plein galop sur la plage...

Si vous voulez sortir avec votre propre monture, faites le si vous avez un niveau suffisant et que vous pensez que votre cheval se comportera correctement sur la plage (vaut mieux éviter de le faire avec un poulain de 3 ans juste débourré). Si vous n'êtes pas sûr de votre cheval, demandez à un ami de vous accompagner avec un cheval habitué à aller sur la plage. Vérifiez que la plage que vous avez choisie est autorisée aux chevaux et si oui à quels horaires (généralement tôt le matin ou tard le soir). Il est conseillé de ne pas mettre de protections à votre cheval car le sable et l'eau de mer qui se glissent en dessous risquent d'irriter les membres. Au retour, douchez les membres pour enlever le sable et l'eau de mer et nettoyez selle et filet avec du savon glycériné avant de les graisser. En effet, l'eau de mer dessèche le cuir et le rend cassant.

Le carrousel royal

Intermédiaire entre les parades équestres et les jeux guerriers, le carrousel est né en Italie. En France, il prit la suite des tournois interdits en 1559, suite au décès d'Henri II lors d'une joute.

Ce spectacle qui eut son heure de gloire sous Louis XIV réunissait le roi, les grands de la noblesse et les meilleurs cavaliers du royaume pour une évocation allégorique de la majesté du roi. C'est d'ailleurs lors du carrousel de 1662 que Louis XIV prit pour emblème le Soleil avec pour devise Nec pluribus impar.

Un autre carrousel célèbre ouvrit la grande fête de Ille des Plaisirs Enchantés en 1664.

En 2013, pour le plus grand plaisir du public présent, Versailles a recrée pour la première fois depuis 1689 un carrousel royal alliant joutes, quadrilles et travail en liberté effectué par Frédéric Pignon, le tout accompagné par des musiques baroques françaises, choisies pour mettre en valeur la beauté du cheval au travail.

COMPÉTITION DE DRESSAGE

Normandie 2014

Du 24 août au 7 septembre ont lieu les **premiers Jeux Équestres mondiaux** organisés en France depuis leur création en 1990. Championnats du monde dans 8 disciplines – saut d'obstacles, concours complet, dressage, attelage, endurance, reining, voltige et dressage para-équestres, les Jeux Équestres mondiaux ont lieu tous les 4 ans en alternance avec les Jeux Olympiques. La 7e édition a lieu en Normandie, région du cheval par excellence. À l'exception de l'endurance qui aura lieu dans la baie du Mont Saint Michel et du dressage et du cross qui se dérouleront au Haras du Pin, les épreuves se tiendront à Caen au stade d'Ornano et à l'hippodrome. Les acteurs publics ont profité des Jeux équestres mondiaux 2014 pour y associer un projet territorial pour la Normandie pérennisé sur quinze ans avec pour objectifs de :

- Promouvoir l'excellence normande,
- Organiser l'appropriation des JEM et la popularisation des pratiques équestres par l'ensemble de la population, les acteurs et les habitants, au-delà des familiers de l'équitation,
- Organiser un événement éco-responsable et innovant.

Lun.11 AOÛT
matin
après-midi

Mar.12 AOÛT
matin
après-midi

Mer.13 AOÛT
matin
après-midi

Jeu.14 AOÛT
matin
après-midi

Ven.15 AOÛT
matin
après-midi

Sam.16 AOÛT
matin
après-midi

Dim.17 AOÛT
matin
après-midi

Lun.18 AOÛT

matin

après-midi

Mar.19 AOÛT

matin

après-midi

Mer.20 AOÛT

matin

après-midi

Jeu.21 AOÛT

matin

après-midi

Ven.22 AOÛT

matin

après-midi

Sam.23 AOÛT

matin

après-midi

Dim.24 AOÛT

matin

après-midi

La demi-pension

Si votre cheval est en pension dans un club et que vous n'avez pas le temps de le monter tous les jours, vous pouvez proposer à un autre cavalier de le prendre en demi-pension. Cette solution permettra que votre cheval soit monté régulièrement tout en vous faisant réduire les frais de pension par moitié. Pour que les choses se passent au mieux, faites un contrat par écrit avec votre demi-pensionnaire en y indiquant les jours où il viendra monter votre cheval, ce qu'il pourra faire avec lui (sauter, sortir en promenade ou en concours etc.) et la répartition des frais entre lui et vous (moitié de la pension, moitié des ferrures, des vermifuges le cas échéant). Établissez ensemble un planning de travail hebdomadaire pour le cheval.

L'origine du mouvement poney

En France, dans les années soixante, les enfants, pour apprendre l'équitation, montaient sur des chevaux et non pas sur des poneys car ceux-ci étaient peu répandus dans notre pays et avaient la réputation d'être « cabochards ». Même si les chevaux attribués aux enfants étaient vieux et calmes, le rapport de taille entre le cavalier et sa monture faisait que les enfants ne devenaient pas très vite autonomes en selle.

Au début des années soixante, Louis de Pas agriculteur normand et père de famille découvre avec ses enfants les poneys shetland au salon de l'agriculture de Paris où il était venu présenter des moutons. Devant l'intérêt de ses enfants face à ces chevaux à leur taille, il décide d'en acquérir. Mais aucun n'est à vendre ! Cela ne freine pas Louis de Pas qui décide d'en importer des Îles Shetland pour monter un élevage, chez lui à Bois-Guilbert. Voyant la complicité de ses enfants avec les poneys et que ceux-ci sont un réel facteur d'épanouissement qui les aide à grandir et à se responsabiliser, il décide de créer un poney-club en 1965 pour faire profiter des poneys à un maximum d'enfants. De plus en plus d'enfants viennent faire des séjours à Bois-Guilbert où ils passent de merveilleux moments avec les poneys, lors de séjours qui tiennent à la fois du camp scout et du western grandeur nature. Devant le bonheur de leur progéniture lors de leurs vacances à Bois-Guilbert, certains parents décident à leur tour de créer des poneys clubs, comme Jean Laban qui crée le poney-club de Brimborion en 1970. Devant le succès des poneys clubs en France, le Poney-Club de Franc est créé en 1971 afin de fédérer les poneys clubs, réfléchir sur la pédagogie et organiser les premières compétitions. Le mouvement poney était né pour le plus grand bonheur des enfants !

Trucs et astuces

Ah ! Ces lettres de manège qui bordent les rectangles de dressage et dont il faut se rappeler l'ordre illogique… Voici quelques phrases faciles à retenir pour s'en rappeler l'ordre :
Sur les côtés : Henry Salvador Est Vachement Kool. Maman Râle Bébé Pleure Fort
Au milieu : en A Doubler dans la Longueur jusqu'en X où Il y a un Groupe de Chauves (Désolée, messieurs les juges…)

Lun.25 AOÛT
matin
après-midi

Mar.26 AOÛT
matin
après-midi

Mer.27 AOÛT
matin
après-midi

Jeu.28 AOÛT
matin
après-midi

Ven.29 AOÛT
matin
après-midi

Sam.30 AOÛT
matin
après-midi

Dim.31 AOÛT
matin
après-midi

Mois de Septembre

Dicton

Balzane une, cheval de fortune
Balzane deux, cheval de gueux
Balzane trois, cheval de roi
Balzane quatre, cheval à abattre.

Cheval de légende :

Morin Kuur : La vièle équine

VIÈLE à deux cordes en crin de cheval dont le manche se termine par une tête de cheval, Morin Kuur est l'emblème de la Mongolie. Cet instrument de musique évoque l'immensité des steppes désertiques où galopent à perte de vue des troupeaux de chevaux sauvages. La légende de la naissance de Morin Kuur symbolise l'union du Mongol au cheval (un Mongol sans son cheval est un oiseau sans ailes). La voici : Un homme avait fait naître un poulain qui volait dans les airs et qu'il entraînait en vue de la grande course du Naadam. Puis le jeune homme fit connaissance d'une jeune fille qu'il voulut épouser, Mais le jour des noces, des gens jaloux de son cheval tuèrent celui-ci. Fou de douleur, le futur marié resta près de la dépouille de son cheval bien-aimé puis préleva quelques crins qu'il tendit sur une caisse de résonance. Il put chanter sa peine en évoquant la mémoire de son compagnon avec l'instrument qu'il venait d'inventer grâce à lui.

Race : l'anglo arabe

Comme son nom l'indique, cette race créée dans le sud-ouest de la France vers 1850, est issue de croisements entre le pur-sang et l'arabe auxquels s'est ajouté l'apport de juments locales. De l'arabe, il a acquis l'endurance et la légèreté dans les allures, du pur-sang, la taille et la puissance pour la vitesse. Les chevaux possédant moins de 25 % de sang arabe sont appelés anglo-arabes de complément. L'« anglo » toise entre 1,45 m et 1,65 m, pouvant parfois atteindre 1,70 m. Sa tête est relativement longue au profil rectiligne voire camus avec de petites oreilles et de grands yeux. Il a une encolure assez longue et bien attachée, une épaule inclinée, un garrot allongé et relevé, un dos court et droit et une croupe longue et bien orientée. Ses membres sont longs et fins mais solides et biens conformés, avec des jarrets assez bas.
Robuste, endurant, rapide et énergique, l'anglo-arabe excelle en concours complet. Intelligent, il a parfois un caractère capricieux, ce qui lui donne une réputation (souvent à tort...) de cheval « compliqué ».

Étalon de pur sang anglo-arabe.

Causeries équestres

Tout le monde peut monter à cheval même si tout le monde n'est pas cavalier. Parmi les gens que vous rencontrez et qui se croient cavaliers, chacun a sa méthode. Celui-ci se dit très fort; celui-là n'est jamais tombé de cheval: que le cheval rue, qu'il se cabre, qu'il fasse des sauts de mouton, que lui importe! Il brave tout cela, jamais cheval n'a pu le désarçonner. Il montera, si on l'écoute, tous les chevaux qu'on lui présentera: Je mets une bonne paire d'éperons, j'attaque mon cheval des deux, et voilà le secret.

Bavards et fanfarons sont ces gens qui n'attribuent la valeur du cavalier qu'à une lutte musculaire entre lui et le cheval.

Le bon cavalier est tout autre; il est modeste et prudent; hardi, quand l'occasion l'exige. Il faut voir ces gens dont je parlais tout à l'heure quand ils sont aux prises avec les difficultés du débourrage. Voici un fait: Lorsque j'étais sous les ordres de M. le baron de Cugnac, directeur de l'école de dressage de Rochefort où je suis resté près de huit ans, nous vîmes se présenter un jour un cavalier qui postulait une place d'écuyer. À l'entendre, les difficultés de l'équitation n'étaient qu'un jeu pour lui; toute sa vie il avait monté à cheval. Le cheval qui doit me désarçonner n'est pas encore né, nous disait-il avec une véritable conviction. Il fallait bien mettre ses talents à l'épreuve. Je fis amener dans le manège un de ces jeunes chevaux bondissant au sanglage et n'ayant pas encore de bouche, ce qui rend impossible le maintien de la tête. Nous commençons par l'aborder avec précaution et douceur, de manière à ne pas l'effrayer par la vue de la selle; nous mettons une grande délicatesse à le sangler, de manière à ne point couper brusquement sa respiration qui cède petit à petit, grâce à la lenteur de nos mouvements. Notre homme, en nous voyant faire, commence à nous critiquer.

À quoi bon toutes ces précautions? Vous avez donc peur? etc., etc. Je suis obligé de lui imposer le silence dont nous avons tant besoin pendant le dressage de nos poulains.

Le cheval sellé, il veut le monter de suite, il a hâte de le mettre à la raison. Je lui fais observer que ce n'est pas ainsi qu'on doit procéder; il faut d'abord détendre un peu le cheval à la longe ou au caveçon pendant quelques tours pour lui laisser le temps de s'habituer au sanglage; puis, après la leçon du moutoir, le cavalier a beaucoup plus de chance pour pouvoir se maintenir en selle. À quoi bon tout cela? Reprend notre homme, je vais le monter immédiatement; ce qu'il fit. Le cheval, surpris par ce poids imprévu, fit deux ou trois bonds et notre écuyer fit l'expérience que le cheval qui devait le désarçonner n'était pas loin. Il envoya rouler dans la sciure du manège cavalier d'un côté, chapeau de l'autre. Notre homme effaré courait partout croyant avoir le cheval à ses trousses; il ramassa son chapeau, courut à la petite porte du manège et on ne le revit plus.

Vous rencontrerez beaucoup de ces cavaliers qui prétendent lutter avec un cheval force contre force. Je voudrais les voir aux prises avec un jeune cheval dont la bouche n'est pas encore faite, ou dont la bouche est égarée et qui supporte difficilement le contact des jambes. Les cavaliers dont je parle trouvent bons tous les moyens pour se tenir en selle. Pendant les défenses du cheval, ils s'accrochent aux rênes pour conserver leur équilibre; ils se cramponnent aux flancs du cheval avec leurs mollets, et, comme le cheval n'accepte ni ces points d'appui sur la bouche, ni ces à-coups de jambes, tout leur talent équestre est vite évanoui et, dans ce moment, ils ne feraient pas fi de l'art de l'équitation.

Mais, me direz-vous, puisque ces cavaliers sont en grand nombre, il n'a pas du leur manquer d'avoir affaire à des chevaux de ce genre. Certainement, mais ils ne s'en vantent pas, ils proclament le cheval rétif et ils s'empressent de s'en débarrasser en le vendant.

(suite page 88)

Lun.1er SEPTEMBRE

matin

après-midi

Mar.2 SEPTEMBRE

matin

après-midi

Mer.3 SEPTEMBRE

matin

après-midi

Jeu.4 SEPTEMBRE

matin

après-midi

Ven.5 SEPTEMBRE

matin

après-midi

Sam.6 SEPTEMBRE

matin

après-midi

Dim.7 SEPTEMBRE

matin

après-midi

Lun.8 SEPTEMBRE

matin

après-midi

Mar.9 SEPTEMBRE

matin

après-midi

Mer.10 SEPTEMBRE

matin

après-midi

Jeu.11 SEPTEMBRE

matin

après-midi

Ven.12 SEPTEMBRE

matin

après-midi

Sam.13 SEPTEMBRE

matin

après-midi

Dim.14 SEPTEMBRE

matin

après-midi

Causerie équestres suite de la page 87

La valeur du cavalier ne consiste ni dans sa force musculaire, ni dans ses phrases plus ou moins ronflantes qui n'éblouissent que les ignorants.
Vous n'êtes pas maître d'un cheval aujourd'hui, ce n'est pas une raison pour le rejeter.
Les chevaux qui offrent de l'énergie dans le dressage présentent de grandes ressources, ce sont souvent les meilleurs. Ils ont de grandes qualités qui exigent beaucoup de travail de la part de celui qui en entreprend le dressage. Si ces chevaux tombent sous la main d'un écuyer sage et patient qui sache en établir l'équilibre et le poids, ils deviennent rapidement doux et on est surpris des qualités de leurs actions, et de leur énergie. Avec quel plaisir on les monte ! Comme ils sont liants dans la main et obéissants aux aides du cavalier ! Avec quelle promptitude ils cherchent d'eux-mêmes à lui répondre en le devinant ! Le cavalier n'a pas encore fini de demander qu'ils ont déjà compris. Voyez avec quelle grâce ils s'élèvent du sol ; voyez cette harmonie dans leurs mouvements, cet air fier ; ils ont l'air heureux de porter leur cavalier.
Eh bien ! Cette souplesse, cette énergie, cette grâce, vous ne les ferez ressortir chez le cheval que si vous savez l'équilibrer suivant sa construction. Ces chevaux-là, nous ne les confierons pas aux cavaliers dont nous parlions tout à l'heure, à ceux qui rapportent tout à la force musculaire.
Le cavalier doit s'entourer de toutes les précautions qui assurent sa sécurité. Car le plus grand nombre monte à cheval pour se distraire, pour raison de santé, ou par plaisir ; et néanmoins chacun désire arriver à une certaine force. C'est alors qu'on veut monter des chevaux qui aient un peu d'action, et, pour cela, la force et le courage ne leur manquent pas, voir même quelquefois la témérité. J'ai connu des cavaliers d'une bravoure à toute épreuve, que rien n'effrayait, montant à chaque instant des chevaux nouveaux, travaillant beaucoup, et cependant ne pas obtenir ce fini dont je veux parler.
Cela tenait à ce que ces cavaliers s'égaraient, soit par trop de souplesse dans l'encolure, soit parce qu'ils attaquaient le cheval trop tôt avant qu'il n'ait encore bien compris ce qu'on lui demandait. Us avaient beau appliquer la méthode de Laguérinière, de Baucher ou du comte d'Aure, ils n'obtenaient aucun résultat. Pourquoi ? Parce qu'ils voulaient aller trop rapidement en besogne ; ils ne savaient pas s'arrêter à temps dans l'assouplissement du cheval.
Cette gymnastique que nous demandons au cheval, il ne faut en user que graduellement ; et, au fur et à mesure que le cheval cède en souplesse, il faut, au même instant, engager le poids sous lui. Mais, en général, on commet la faute suivante : On assouplit l'encolure et on garde le cheval en arrière de la main, c'est-à-dire qu'on le laisse reculer ; après l'avoir bien travaillé, on croit avoir obtenu un résultat, il n'en est rien, le cheval ne veut plus se porter en avant. Je ne cesserai de le répéter, pour l'éducation du cheval comme pour celle du cavalier, la devise est sagesse et patience.
On le voit, cette étude est difficile, elle demande à être bien comprise. À mesure que l'on arrive à triompher de la raideur de l'encolure et de la mâchoire, il faut empêcher le cheval de reporter son poids sur l'arrière-main ; sitôt qu'il a cédé, que les muscles du cou et de la mâchoire sont assouplis, il faut qu'aucun déplacement ne se produise sur l'arrière-main ; pour cela il faut porter le cheval en avant. Il faut surtout que le cavalier ne l'attaque qu'à propos, et au moment même de la désobéissance.
Quelle que soit la méthode que vous appliquiez, elle sera bonne si vous avez le tact de la mettre en rapport avec la construction du cheval que vous travaillez ; vous obtiendrez la docilité, et vous n'aurez pas dans la suite de défenses à combattre.
Toutes les méthodes sont bonnes ; je n'en vois aucune à critiquer ; seulement il faut savoir les comprendre et les appliquer à propos.

Ce que j'ai à critiquer, ce sont les cavaliers qui les mettent en pratique; ils sont généralement trop absolus, ils croient tout savoir, ils n'ont plus besoin de conseils. Ils ne cherchent pas s'ils ont bien compris, s'ils ont su pénétrer la pensée de l'auteur; ils le croient et cela leur suffit. Ils appliquent à tort et à travers un peu de toutes les méthodes et pensent ainsi assurer le succès de leur travail. La méthode est une chose générale qu'il faut savoir appliquer aux cas particuliers suivant la construction du cheval. Faut-il prendre telle construction de cette façon ou de cette autre? Dans chaque méthode il y a du bon et il y a du mauvais; c'est au tact du cavalier à savoir choisir le bon et laisser le mauvais. La pierre de touche des difficultés à vaincre, c'est la construction du cheval. Autant de chevaux autant de cas particuliers.

Je vais plus loin. Je dis que même le cheval parfaitement établi demande un cavalier exercé; car le cheval bien établi est généralement très leste dans ses actions, il se détache du sol avec facilité et promptitude, il faut donc au cavalier une assiette solide.

En équitation, comme dans toute science, il faut de la pratique et du savoir. C'est ainsi que le cavalier acquiert ce tact de la main indispensable pour communiquer sa volonté au cheval et saisir rapidement les résistances qu'il oppose. Alors, plus de crainte; le cavalier est toujours prêt à réagir contre les moindres défenses; rien ne lui échappe; il saura toujours maintenir son cheval droit sous lui, la tête légèrement soutenue, les poignets bien placés exerçant sur les rênes une égale tension, les jambes fermes. Avec cela il triomphera des premières difficultés à vaincre dans le dressage des chevaux, la construction, l'équilibre et la ligne droite de tête à croupe.

Le secret de l'assiette du cavalier consiste dans cette ligne droite de tête à croupe qu'il obtient par son tact de main; et aussi par cette précaution de maintenir la tête pour l'empêcher de vaciller et d'être déplacée de haut en bas. Par ce tact de main le cavalier est toujours sur ses gardes; il est prévenu des écarts, des mouvements vifs du cheval. Souvent le cheval essaye d'échapper aux aides du cavalier; mais, avec une main fine, il est immédiatement renfermé, non par cette force brutale qui ne fait qu'augmenter les défenses, mais par le tact de main qui remet l'ordre dans la construction du cheval et lui fait reprendre la ligne droite de tête à croupe.

Nous avons vu, au commencement de cette causerie, ce qu'était le fanfaron en équitation.

Tout autre est le bon cavalier; il parle moins et agit davantage; il ne fait pas de prouesses; il ne chausse point d'éperons pour agacer son cheval et se faire valoir devant les ignorants.

Il ne force pas les actions de son cheval, il le conserve toujours frais sous lui.

Je connais beaucoup de ces cavaliers, et je les apprécie autant que personne.

Je leur ai vu obtenir par un travail sage et patient des résultats surprenants et il m'est arrivé dans mon manège de les suivre avec le plus grand intérêt.

Le bon cavalier agit toujours avec prudence, ce qui lui donne une sécurité qui le met en dehors des accidents dans la mesure du possible, qu'il ait affaire à un cheval énergique ou à un cheval gai qui, par ses ébats, le tient toujours sur ses gardes. Si son cheval est resté plusieurs jours au repos, il sait prendre des précautions. Si le cheval est alors par trop gai, il le mettra immédiatement au trot, si le terrain le permet; car, en marche, il fera moins de bonds que s'il est arrêté. Il n'aura pas ainsi à redouter la cabrade, défense toujours mauvaise; car en portant le cheval en avant, on prévient le temps d'arrêt faute duquel il ne peut se cabrer.

Source : « *Principes d'équitation* » ERNEST LALANNE 1880.
aux éditions A. DEGORCE-CADOT

Lun.15 SEPTEMBRE

matin

après-midi

Mar.16 SEPTEMBRE

matin

après-midi

Mer.17 SEPTEMBRE

matin

après-midi

Jeu.18 SEPTEMBRE

matin

après-midi

Ven.19 SEPTEMBRE

matin

après-midi

Sam.20 SEPTEMBRE

matin

après-midi

Dim.21 SEPTEMBRE

matin

après-midi

Lun.22 SEPTEMBRE
matin
après-midi

Mar.23 SEPTEMBRE
matin
après-midi

Mer.24 SEPTEMBRE
matin
après-midi

Jeu.25 SEPTEMBRE
matin
après-midi

Ven.26 SEPTEMBRE
matin
après-midi

Sam.27 SEPTEMBRE
matin
après-midi

Dim.28 SEPTEMBRE
matin
après-midi

Les bienfaits de l'équitation

Contrairement aux idées reçues l'équitation est un sport qui a pour avantage de pouvoir être pratiqué à tout âge. C'est un sport doux qui sollicite une multitude de muscles et qui sauf rares contre-indications ne fait pas mal au dos, au contraire... Le contact des poneys responsabilise les enfants qui apprennent à s'occuper et se faire comprendre d'un animal, tout en les rendant attentifs à autrui et à la nature. L'équitation est aussi un formidable antistress pour les adultes surmenés par les impératifs de la vie professionnelle car elle apprend à « déconnecter » et à vivre dans l'instant.
Pour tous, c'est un moyen de renouer contact avec la nature et de retrouver ses racines rurales, loin du monde virtuel.

La Fédération Française d'Équitation

Fédération sportive olympique, la Fédération Française d'Equitation a trois missions principales : une mission éducative (favoriser le bien-être de ses concitoyens par le sport), une mission sportive (encourager l'excellence sportive et assurer la participation des équipes de France aux grandes échéances internationales) et une mission économique (assurer la pérennité des activités équestres). Elle délivre les licences de pratiquants et de compétition, élabore les règlements sportifs et organise les compétitions officielles, dont les championnats de France, tant en assurant la promotion des activités équestres. Membre de la Fédération Française Internationale, la FFE représente la France sur le plan international.
Elle regroupe depuis 2000 les trois délégations, la délégation nationale aux Sports Équestres (DNSE), au Tourisme Équestre (DNTE) et à l'Équitation sur Poneys (DNEP). Elle a été créée en 1997 et succède à la Fédération Française des Sports Équestres, qui elle, a été fondée en 1921.
Depuis 2007, son siège social est à Lamotte-Beuvron, au Parc Équestre, où ont lieu diverses manifestations dont la plus importante est le championnat de France poneys et clubs (Generali Open de France) et où sont organisés tout au long de l'année des stages de formation et à l'attention des clubs.
La FFE est actuellement la 3e fédération sportive olympique par le nombre de licenciés, derrière le football et le tennis et la première fédération féminine.

Choisir son club et s'équiper

5000 centres équestres affiliés à la Fédération Française d'Équitation répartis dans toute la France vont vous permettre de trouver près de chez vous celui qui vous convient. Tout d'abord, choisissez le profil de club qui correspond à vos aspirations : poney-club pour les enfants et adolescents, « cheval-club » pour adolescents et adultes, centre de tourisme équestre pour les fans de promenade, écurie de compétition pour les cavaliers confirmés qui veulent sortir en concours, ou de propriétaires si vous cherchez une pension pour votre cheval...

Ensuite rendez-vous sur place de préférence un jour où il y a du monde (mercredi, samedi...) pour vous faire une idée précise de votre futur club. Assurez-vous que les lieux sont propres et accueillants, les poneys et chevaux en bonne santé, l'équipe du club accueillante et diplômée (les diplômes doivent être affichés dans le bureau ou le club-house). Assistez à un cours pour voir si la pédagogie vous convient et que la cavalerie est bien dressée (trop de chutes dans un cours pour enfants ou débutants montre qu'il y a un problème). Le fait que le club ait l'un des labels qualités de la FFE confirme que tous ces critères sont remplis mais rien ne vaut une visite pour se faire sa propre opinion. N'hésitez pas à poser des questions pour bien comprendre tout et faire votre choix en connaissance de cause.

Concernant l'équipement, il est indispensable pour éviter tout choc à la tête en cas de chute, de se munir d'un casque aux normes (EN 1384). Ressortir la veille bombe de chasse du grand-père ne sert à rien... La culotte d'équitation permet d'être à l'aise car elle n'a pas de couture à l'intérieur de la jambe, ce qui évite les irritations. Mettre des bottes permet d'être protégé et ne pas avoir le pied qui reste coincé dans l'étrier. Pour les vêtements, privilégier ceux où l'on sent sans à l'aise, qui sont près du corps et qui ne craignent rien.

Le saviez-vous ?

Sentir son cheval

Le cavalier, par suite de la locomotion du cheval, doit percevoir sous le siège une sensation de déplacement de poids, et cette sensation doit le tenir en éveil, quelle que soit l'allure, et le mettre à même de parer aux dangers qu'il peut avoir à courir.

Le cavalier sent son cheval sous lui d'une part, par la pression dans ses mains des rênes qui sont pour lui comme un véritable fil télégraphique qui le met constamment en correspondance avec le levier et le gouvernail (tête et encolure) de son cheval, d'autre part au moyen de l'adhérence de son siège sur la selle, adhérence obtenue par le poids de son propre corps. C'est ainsi qu'il est averti instantanément de tout déplacement de poids qui s'opère dans le centre de gravité.

Source : « *Principes d'équitation* » ERNEST LALANNE 1880.
aux éditions A. DEGORCE-CADOT

Trucs et astuces

Si vous ne voulez pas que la crinière de votre cheval se partage irré-gulièrement à droite et à gauche de l'encolure, vous pouvez après avoir bien démêlé et peigné la crinière, l'enduire d'un gel pour cheveux (fixateur fort) et rabattre tous les crins du même coté.

Lun.29 SEPTEMBRE

matin

après-midi

Mar.30 SEPTEMBRE

matin

après-midi

Notes

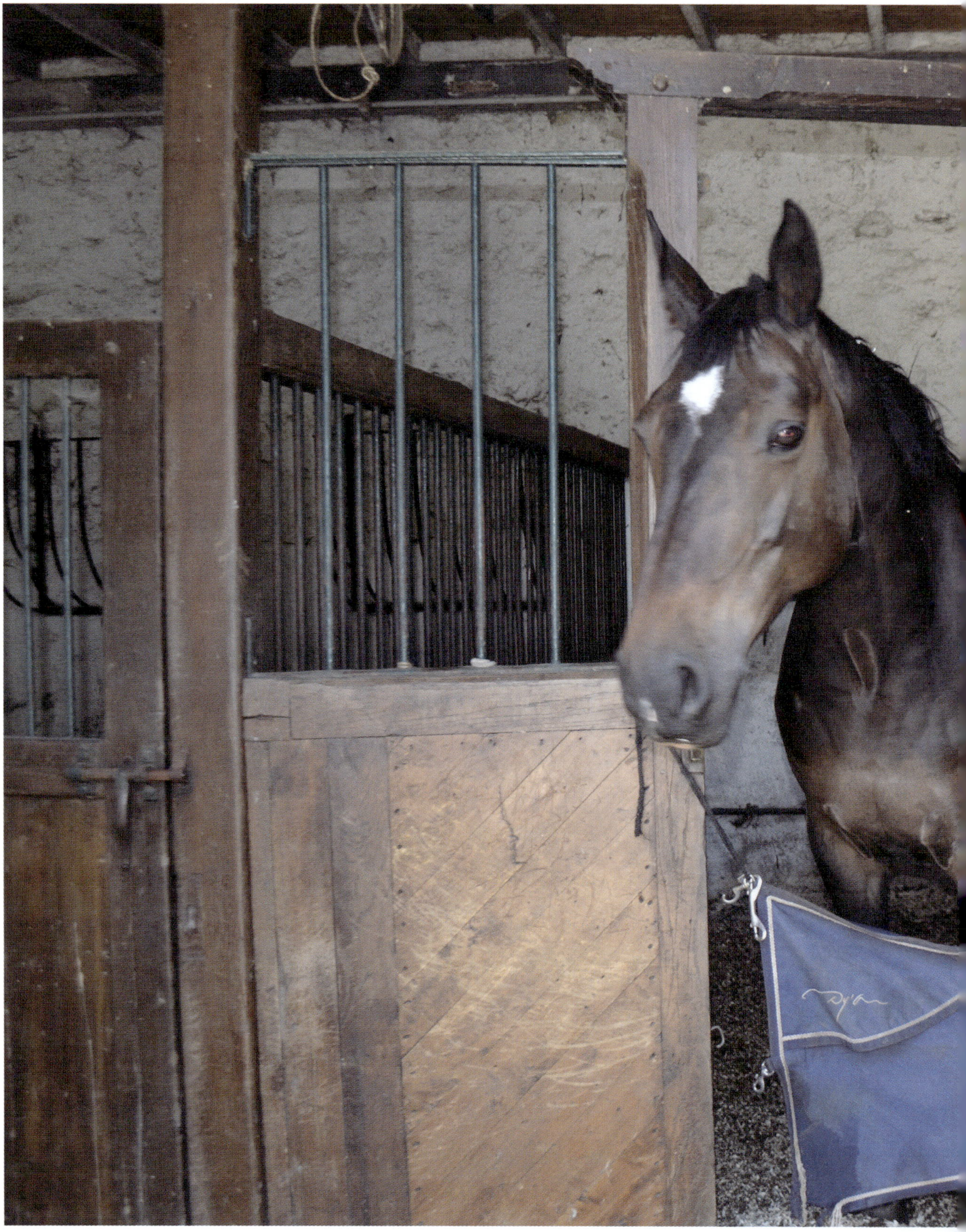

Mois de Octobre

Cheval de légende :

le fer porte-bonheur

Le fait que le fer à cheval soit un objet porte-bonheur vient de la légende de saint Dunstan, forgeron qui deviendra évêque de Canterbury en 959. On raconte que le diable lui ayant amené son cheval à ferrer, Dunstan cloua le fer sur le pied fourchu du démon et celui-ci dut promettre, afin d'être libéré, de ne jamais pénétrer dans une maison protégée par un fer à cheval.
Une autre explication vient du fait que dans le temps, dans nos campagnes, trouver un fer à cheval était une aubaine, procurant du métal pouvant être récupéré.
Pour porter bonheur, le fer doit être accroché tête en bas afin de retenir la chance, sinon, il la laisse passer... et s'il a sept trous, c'est encore mieux !

Race : le poney new forest

Ce poney britannique dont on retrouve les traces au XIe siècle dans un édit du roi Viking Knud, publié à Winchester, alors capitale de l'Angleterre vit dans le New Forest, zone boisée du comté de Hampshire. Il y vit encore de nos jours de manière semi-sauvage et les troupeaux de poneys font dans le New-Forest l'objet d'une réglementation spécifique. Ce poney d'une taille entre 1 m 20 et 1 m 48 est réputé pour être doué d'un excellent caractère. Sa tête est distinguée avec un front large et plat, son encolure bien greffée, plutôt longue et pas trop épaisse, son épaule est oblique, son arrière-main puissante, ses os épais avec des articulations marquées, sa poitrine profonde, ses aplombs droits et ses pieds ronds et solides.

Les chevaux territoriaux

De plus en plus de collectivités territoriales comme les communes utilisent le cheval pour des tâches multiples : entretien des espaces verts, ramassage scolaire, ou encore surveillance.
Ce choix est motivé par l'atout indéniable du cheval : animal sympathique, le cheval anime la territoriale et renforce les liens sociaux.
Très souvent utilisé pour remplacer le camion, le cheval attelé représente un atout écologique pour la commune. Par exemple, la collecte des déchets au moyen d'une voiture hippomobile, en dehors des avantages de la traction animale sur le moteur, rend les gens attentifs à l'environnement et au tri.
de leurs déchets car le cheval leur est sympathique.
Le ramassage scolaire en voiture attelée tel qu'il est pratiqué dans certaines communes est aussi un moyen efficace pour lutter contre l'absentéisme scolaire car les enfants sont contents d'aller à l'école pour retrouver leur bus de ramassage à quatre sabots !

Equitalyon et la Coupe du Monde FEI

Grand rendez-vous lyonnais de fin octobre début novembre au parc des expositions Eurexpo de Lyon rendez-vous de tous les passionnés d'équitation avec un hall western particulièrement développé. Equitalyon fait la part belle au sport de haut niveau en accueillant en 2014 les finales des Coupes du Monde FEI de saut d'obstacles et de dressage, voyant s'affronter les meilleurs cavaliers. La Coupe du Monde est un circuit organisé en indoor par la Fédération Equestre Internationale (FEI) regroupant les cavaliers d'un même continent en saut d'obstacles, dressage, attelage et voltige.

Notes

Mer.1er OCTOBRE

matin

après-midi

Jeu.2 OCTOBRE

matin

après-midi

Ven.3 OCTOBRE

matin

après-midi

Sam.4 OCTOBRE

matin

après-midi

Dim.5 OCTOBRE

matin

après-midi

Lun.6 OCTOBRE

matin

après-midi

Mer.7 OCTOBRE

matin

après-midi

Jeu.8 OCTOBRE

matin

après-midi

Jeu.9 OCTOBRE

matin

après-midi

Ven.10 OCTOBRE

matin

après-midi

Sam.11 OCTOBRE

matin

après-midi

Dim.12 OCTOBRE

matin

après-midi

Avant de monter à cheval, inspecter les objets de harnachement

Dans l'intérêt de sa sécurité, le cavalier, avant de monter à cheval, on doit toujours jeter un regard attentif et rapide sur les objets de harnachement.

Son regard se portera d'abord vers la tête du cheval pour se rendre compte si la. bride est bien ajustée; la sous-gorge ne doit jamais être serrée pour le service de la selle; le mors doit se trouver un peu plus élevé que le milieu de la bouche du cheval, et le filet plus haut que le mors.

158 La gourmette doit être accrochée, bien sûr son plat, entre le mors et le filet; on doit pouvoir passer trois doigts à plat entre elle et le menton du cheval, ce qui permet au mors de faire légèrement bascule.

Si l'on a affaire à un cheval ayant une encolure raide, et disposé à prendre sur la main du cavalier un trop grand point d'appui, on devra mettre le mors un peu plus bas, mais en évitant qu'il ne touche les coins.

Si, au contraire, on a affaire à un cheval léger, on mettra le mors plus haut, et on tiendra la gourmette très lâche. Ni le mors, ni le filet ne devront toucher les commissures dont ils seront éloignés, le mors de quatre centimètres, le filet de deux centimètres.

Après l'examen de la bride, celui de la selle, l'attention du cavalier se portera de suite vers le pommeau. Quand le cheval est bien sellé, le pommeau ne doit pas porter sur le garrot, on doit toujours facilement passer les doigts entre eux.

Dans le cas où l'on a une longue route à parcourir, il est prudent de protéger le garrot du cheval avec une petite couverture pliée en quatre. Pour que cette couverture soit bien appliquée, il faut également qu'elle laisse passer les doigts entre elle et le garrot, il faut qu'elle se moule sur la partie concave du pommeau, ce que l'on obtient en la soulevant avant de sangler. Sans ces précautions, elle ferait pression sur le garrot et réchaufferait au lieu de le protéger. Cette couverture n'a pas besoin d'être grande, mais il lui faut de l'épaisseur, et, en la coupant pour cet usage, on peut la placer de façon à ce qu'elle ne soit pas vue.

©Librairie Agricole de la Maison Rustique
Collection du Dr.Simonof

Le cavalier examinera ensuite si le cheval est bien sanglé, ni trop, ni trop peu ; le jeune cheval sera modérément sanglé pour le départ.
Il verra ensuite dans quel état sont les contre-sanglons, et les étrivières qui devront être à leur point avant de monter à cheval.
Si, par hasard, on était obligé de mettre une croupière, comme cela se fait dans l'armée, on veillerait bien à ce que le culeronqui passe sous la queue du cheval ne soit pas trop tendu. Sans cette précaution, il blesserait l'animal qui finirait par ruer, ou se défendre énergiquement.
Quand le cavalier sera à cheval et que le poids de son corps reposera bien sur la selle, il portera la main droite derrière lui pour s'assurer si le troussequin ne porte pas sur le dos du cheval. Pour qu'une selle soit bonne, et qu'elle protège le cheval et le cavalier, il faut qu'elle soit bien excavée à sa partie supérieure ; la selle plate porte toujours en arrière du troussequin.
Si le cavalier est lourd, il doit apporter la plus grande attention à ces détails, car les blessures du garrot ou du troussequin sont toujours longues à guérir.
Il faut que la selle soit toujours un peu en arrière du garrotpour ne pas gêner les épaules du cheval.
Si le cavalier monte avec une martingale, il ne faut pas qu'elle soit trop tendue pour commencer ; elle doit être placée en dessous des rênes du mors.
On ne doit tendre la martingale que quand on connaît son cheval ; il n'y a guère que le trotteur qui exige la martingale tendue ; si, au contraire, on ne s'en sert que pour fixer la tète du cheval, il faut la tenir un peu lâche.
Quelque longs que puissent paraître les conseils que nous venons de donner, nous y attachons la plus haute importance. Nous engageons les cavaliers à ne jamais monter à cheval sans les mettre en pratique ; au bout de peu de temps l'inspection des objets du harnachement se fait très rapidement

Source : « *Principes d'équitation* » ERNEST LALANNE 1880.
aux éditions A. DEGORCE-CADOT

Lun.13 OCTOBRE
matin
après-midi

Mar.14 OCTOBRE
matin
après-midi

Mer.15 OCTOBRE
matin
après-midi

Jeu.16 OCTOBRE
matin
après-midi

Ven.17 OCTOBRE
matin
après-midi

Sam.18 OCTOBRE
matin
après-midi

Dim.19 OCTOBRE
matin
après-midi

Lun.20 OCTOBRE

matin

après-midi

Mer.21 OCTOBRE

matin

après-midi

Jeu.22 OCTOBRE

matin

après-midi

Jeu.23 OCTOBRE

matin

après-midi

Ven.24 OCTOBRE

matin

après-midi

Sam.25 OCTOBRE

matin

après-midi

Dim.26 OCTOBRE

matin

après-midi

Avoir son cheval chez soi

Avoir son cheval chez soi, le rêve... Mais quelques impératifs sont à respecter pour que tout se passe bien. Un cheval au pré a besoin d'espace. Comptez un hectare par cheval si vous prévoyez de le laisser toute l'année dehors, un peu moins si vous pensez construire un box sur votre terrain.
Pour éviter que votre cheval aille détruire les cultures ou le potager de votre voisin, clôturez correctement votre pré avec du ruban électronique : vite posé, efficace et sans danger pour le cheval contrairement au fil de fer barbelé ou pire lisse. Si votre pré est déjà équipé d'une telle clôture, doublez là à l'intérieur d'une clôture électrique en prévoyant que le ruban ne touche pas le fil de fer. Prévoyez d'installer un abri afin de protéger votre cheval du vent, de la pluie et des insectes en été. Renseignez-vous en mairie pour savoir si un permis de construire est nécessaire, de même si vous souhaitez avoir un box pour votre cheval. Qui dit box dit fumier. Arrangez-vous avec vos voisins, agriculteurs, maraîchers ou simples jardiniers amateurs, il y en a toujours qui seront contents de récupérer votre fumier.
À moins que vous soyez adepte de la promenade, pensez à l'endroit où vous allez monter votre cheval. Avoir une carrière chez soi, c'est possible si vous avez suffisamment d'espace (60 mètres sur 20 environ) et que vous avez les moyens de faire cet investissement relativement onéreux. Autrement, vous avez toujours la possibilité de continuer à monter dans votre club, en y allant à cheval si celui-ci est dans votre village.

Les peuples cavaliers

En général nomades, les peuples cavaliers entretiennent un fort lien historique et culturel avec les chevaux. Tous ont comme point commun d'apprendre à monter à leurs enfants dès le plus jeune âge et à consommer du lait de jument. Les plus connus d'entre eux sont les Mongols, peuple nomade vivant en Mongolie, en Russie et en Chine. Parmi les autres peuples cavaliers, on peut citer les Ouïghours, turcophones et musulmans habitant la région autonome ouïghoure du Xinjiang (ancien Turkestan oriental); les Kirghizes, peuple de langue turque résidant au Kirghizistan; les Kalmouks, descendants des Mongols qui s'installèrent au XVIIe dans la région du delta de la Volga; les Turkmènes vivant au Turkménistan; les Kazakhs, peuple d'origine turco-mongole résidant principalement au Kazakhstan, les Cosaques, slaves vivants dans la région du Don. Ainsi que les Indiens d'Amérique qui peuvent être aussi considérés comme étant un peuple cavalier.

Le saviez-vous ?

Pour arrêter son cheval

Il est utile, chaque fois que l'on est obligé d'arrêter son cheval, d'agir par des moyens d'avertissement, et de prévenir le déplacement du poids du cheval d'avant en arrière en rendant et en reprenant les rênes tour à tour; il faut en même temps placer les jambes à la deuxième division pour arrêter le poids dans le centre de gravité. Cet effet de jambes a pour but de combattre le poids, en ce sens qu'il l'empêche de se porter complètement sur l'arrière-main et de fatiguer ainsi les jarrets du cheval.
Si, par hasard, on se trouvait surpris et que l'on fut obligé d'arrêter court, il faudrait d'autant plus, multiplier l'effort des jambes que l'on surprendrait davantage le cheval par l'effet de mains.
Dans le cas où le cavalier négligerait l'effet de jambes, il pourrait, dans un commandement brusque de la main, jeter son cheval à terre.

Source: « *Principes d'équitation* » ERNEST LALANNE 1880. aux éditions A. DEGORCE-CADOT

Trucs et astuces

Un lustrant naturel tout simple à appliquer après le pansage: prenez une poignée de foin humide et frottez-la sur tout le corps du cheval. Passez ensuite un chiffon et votre cheval aura une robe

Lun.27 OCTOBRE

matin

après-midi

Mar.28 OCTOBRE

matin

après-midi

Mer.29 OCTOBRE

matin

après-midi

Jeu.30 OCTOBRE

matin

après-midi

Ven.31 OCTOBRE

matin

après-midi

Notes

Mois de Novembre

Pour parler à un cheval, il n'y a pas besoin de mots.
C'est une étreinte charnelle qui alimente nos rêves.

Bartabas

Cheval de légende :

La charrette de l'Ankou

En Bretagne, entendre le grincement de charrette de l'Ankou (karrig an Ankou) car ce présage annonce la mort prochaine de celui qui l'a entendu ou de l'un de ses proches. L'Ankou (la mort), personnage très grand et maigre, coiffé d'un chapeau noir tient une faux circule la nuit à bord d'une charrette tirée par un cheval.
Dans d'autres régions de France (Poitou, Vendée), le cheval Mallet, magnifique monture de robe noire ou blanche, sellé et bridé attend à la tombée de la nuit les voyageurs fatigués. Gare alors à celui qui enfourche ce destrier car sa chevauchée se termine par la mort à moins qu'il porte sur lui une médaille de saint Benoît.

Race : chevaux lourds

La France est riche en races de chevaux lourds, qui furent les compagnons de labeur quotidiens des paysans avant l'apparition du tracteur. Mais celui-ci ne fait pas tout et l'on revient maintenant au cheval pour les travaux effectués dans des endroits où le tracteur ne peut pas passer : vignes, débardage du bois en montagne... ou encore dans les villes, remplaçant de façon sympathique la mécanique pour le ramassage des ordures ménagères ou le transport scolaire. Les principales races sont l'Ardennais, élevé en Champagne-Ardenne, Lorraine et Alsace ; l'Auxois, originaire de la partie sud-ouest de la Côte-d'Or ; le Boulonnais, issu de la région qui porte son nom ; le Breton qui se divise en deux types, le trait et le postier d'un modèle plus léger, aux allures plus amples, le Comtois, originaire de Franche-Comté, le Percheron, originaire du Perche et exporté jusqu'au Japon et le Trait du Nord, élevé dans le Hainaut français.

Race boulonnaise.

Les origines du cheval

L'ancêtre du cheval apparaît il y a soixante millions d'années. Il s'agit de l'Eohippus, mammifère de la taille d'un chien qui se nourrit principalement de feuilles. Ensuite vint le Mesohippus qui mesure environ cinquante centimètres. Vingt millions d'années après, apparaît le Merychippus, toisant quatre-vingt-dix centimètres et faisant désormais partie de la famille des périssodactyles, reposant sur le sol avec un seul doigt. Dix millions d'années passent et place au Pliohippus, d'une taille d'un mètre quinze. Il devient solipède (qui n'a qu'un doigt) et son sabot est fendu en deux. Il y a un million d'années apparaît l'Equus Caballus, duquel descendent quatre types : le Tarpan (disparu à la fin du XIXe siècle), le cheval de Przewalski, le cheval des toundras et le cheval des forêts, pères fondateurs des races actuelles.

Fragment d'une peinture murale dans un temple égyptien

Notes

Sam.1er NOVEMBRE

matin

après-midi

Dim.2 NOVEMBRE

matin

après-midi

Lun.3 NOVEMBRE
matin
après-midi

Mer.4 NOVEMBRE
matin
après-midi

Jeu.5 NOVEMBRE
matin
après-midi

Jeu.6 NOVEMBRE
matin
après-midi

Ven.7 NOVEMBRE
matin
après-midi

Sam.8 NOVEMBRE
matin
après-midi

Dim.9 NOVEMBRE
matin
après-midi

L'équitation de tradition française

Basée sur la légèreté, l'équitation de tradition française, fruit d'une tradition séculaire défendue aujourd'hui par le Cadre Noir de Saumur est l'art de monter à cheval en mettant en valeur l'harmonie des relations entre l'homme et le cheval dans un respect mutuel. Cette équitation est inscrite par l'Unesco depuis 2011 sur la liste du patrimoine immatériel de l'humanité. L'équitation de tradition française trouve sa source à la Renaissance où les nobles français, dont Salomon de la Broue et Antoine de Pluvinel découvrent les premières académies d'équitation où est notamment enseigné l'emploi des piliers pour assouplir le cheval et lui apprendre certains airs de haute école. Salomon de la Broue (1530-1610) publie Préceptes du cavalerice françois, dans lequel apparaissent les premiers éléments d'une approche méthodique du dressage. Quant à Antoine de Pluvinel (1555-1620), premier écuyer du roi Louis XIII, il écrit l'« Instruction du Roy en l'exercice de monter à cheval », où il s'intéresse particulièrement à l'assouplissement du cheval.

La création de l'**École de Versailles**, avec le transfert des écuries royales à Versailles en 1682, marque le début du rayonnement de l'équitation française en Europe. Grande nouveauté: les chevaux ne sont plus seulement montés à des fins militaires ou de transport, et leurs cavaliers cherchent à mettre en valeur leur potentiel artistique. Les grands écuyers y soulignent aussi l'importance du respect inconditionnel que tout cavalier doit avoir pour son cheval. « La cavalerie est le seul art pour lequel il semble qu'on n'ait besoin que de pratique; cependant la pratique dépourvue de vrais principes n'est autre chose qu'une routine, dont le fruit est une exécution forcée et incertaine », écrit François Robichon de la Guérinière (1688-1751), dans son « École de Cavalerie ». L'écuyer ordinaire de Louis XV a marqué l'histoire de l'équitation par son approche de l'épaule en dedans, et par sa recherche de la mise en valeur des qualités du cheval, dans la légèreté et le mouvement en avant.

En 1771, le duc de Choiseul fonde l'**école de cavalerie française de Saumur**, qui prendra plus tard le nom de Cadre Noir de Saumur. L'un de ses écuyers en chef, le comte Antoine Cartier d'Aure (1799-1863) s'intéresse au débourrage des jeunes chevaux et cherche à simplifier les principes enseignés à l'École de Versailles.

Grand rival contemporain du Comte d'Aure, François Baucher (1796-1873) met au point la méthode « main sans jambes, jambes sans main ». Ses principales publications sont: *Dictionnaire raisonné d'équitation*, Résumé complet des principes d'équitation, *Méthode d'équitation* basée sur les nouveaux principes, et *Dialogue sur l'équitation*. Baucher s'oriente vers une équitation privilégiant la délicatesse au rapport de force entre cheval et cavalier, en recherchant l'élévation de l'encolure et la légèreté du cheval aux mains et aux jambes. Les deux maîtres rassemblent chacun des disciples qui fondent deux camps « Les Auristes » et « les Baucheristes » qui s'affrontent dans des querelles dignes de celle d'Hernani en littérature.

Il faudra attendre Alexis L'Hotte (1825-1904) pour qu'une réconciliation soit faite entre les deux approches de Baucher et celle d'Aure. Il instaure notamment la pratique du trot enlevé. Ses principales publications sont: *Un officier de cavalerie* et *Questions équestres*, véritable travail de synthèse des écoles bauchériste et d'auriste.

Au XXe siècle, l'équitation dite classique s'épanouit en France avec la distinction entre « **basse école** » et « **haute école** ». Le travail de basse école consiste notamment à obtenir du cheval une régularité et une souplesse dans son fonctionnement aux trois allures naturelles, ainsi que l'aptitude à effectuer avec précision les exercices demandés. Dans le travail de haute école, le cheval, déjà au rassemblé, apprend à réaliser des exercices plus sophistiqués et stylisés, comme le passage et le piaffer. Le cheval apprend également à effectuer des sauts d'école qui visent à reproduire, sur demande du cavalier, les sauts du cheval en liberté. Les principaux sauts d'école sont la courbette, la croupade et la cabriole.

Dans les années 1920, le Colonel Danloux, écuyer en chef, s'inspire des méthodes du capitaine italien Federico Caprilli pour introduire la position en équilibre à l'obstacle.

Édouard Decarpentry (1878-1956) a publié *Équitation Académique* où l'abaissement des hanches et la maîtrise de l'impulsion constituent les principes de base.

Bien que Portugais, Nuno Oliveira (1925-1989) se rattache à l'équitation de tradition française, s'intéressant à l'assouplissement du cheval et à l'obtention du rassembler dans la légèreté. Ses ouvrages les plus connus sont *Réflexions sur l'art équestre, Souvenir d'un écuyer portugais, Principes classiques de l'art de dresser les chevaux, Les chevaux et leurs cavaliers* et *Propos d'un vieil écuyer aux jeunes écuyers*.

Aujourd'hui, l'équitation de tradition française est défendue par le **Cadre Noir de Saumur** avec pour mots d'ordre « impulsion grâce et légèreté ».

Le saviez-vous ?

Surprendre le cheval

À moins de circonstances imprévues, toutes les fois qu'un cavalier veut obtenir quelque chose de son cheval, il ne doit pas faire sa demande d'une manière brusque, autrement il surprend son cheval.

Le cheval ainsi surpris est déséquilibré, et le cavalier exposé à une défense.

Un cavalier, éprouvant tout à coup le besoin de se faire remarquer, attaquera brusquement son cheval par de mauvais effets de mains ou de jambes et le surprendra.

Un cavalier, montant un cheval de peu d'action, l'attaque brusquement et sans mesure; pris lui-même au dépourvu par des défenses, il surprend son cheval par des tensions de rênes imprévues et inopportunes.

Lorsque l'on veut mettre son cheval au galop ou au trot, sans l'avoir préparé par le rassemblé, et que l'on n'est pas prêt à recevoir ses actions, on le surprend.

Le bon cavalier ne surprendra jamais son cheval; si, involontairement, il commet l'erreur, il s'en tirera à son avantage; mais le cavalier inexpérimenté courra grand risque de perdre son assiette.

Source: « *Principes d'équitation* » ERNEST LALANNE 1880.
aux éditions A. DEGORCE-CADOT

Lun.10 NOVEMBRE
matin
après-midi

Mar.11 NOVEMBRE
matin
après-midi

Mer.12 NOVEMBRE
matin
après-midi

Jeu.13 NOVEMBRE
matin
après-midi

Ven.14 NOVEMBRE
matin
après-midi

Sam.15 NOVEMBRE
matin
après-midi

Dim.16 NOVEMBRE
matin
après-midi

Lun.17 NOVEMBRE

matin

après-midi

Mer.18 NOVEMBRE

matin

après-midi

Jeu.19 NOVEMBRE

matin

après-midi

Jeu.20 NOVEMBRE

matin

après-midi

Ven.21 NOVEMBRE

matin

après-midi

Sam.22 NOVEMBRE

matin

après-midi

Dim.23 NOVEMBRE

matin

après-midi

Cours collectif ou cours particulier ?

L'apprentissage de l'équitation en club a lieu le plus souvent en cours collectif. Cela permet de progresser tout en étant dans un groupe de personnes qui deviendront vite des amis. Cela permet de passer après la reprise de bons moments ensemble lors d'un goûter pour les plus jeunes ou autour d'un verre pour les adultes. Parfois, il est utile de recourir à un cours particulier où l'enseignant s'occupera exclusivement de vous : si vous êtes débutant (certains adultes préfèrent commencer par un ou deux cours particuliers avant d'intégrer un groupe), si vous avez besoin d'être remis en confiance, ou encore si vous souhaitez approfondir un point précis. L'idéal serait... de cumuler les deux !

Le saviez-vous ?

Du saut de la haie

Beaucoup de personnes croient qu'on enlève un cheval pour lui faire sauter un obstacle.
On l'aide seulement par la main, et, en soutenant les jambes, on augmente l'action du cheval ; mais comme la main du cavalier vient contrarier l'effet des jambes, le cheval donne en hauteur ce qu'on lui fait perdre en vitesse. En général, les sauts plus ou moins hauts d'un cheval dépendent de sa construction et de son action.
Le saut de la haie demande généralement un cheval ayant des aptitudes. Certains chevaux sautent en largeur, d'autres en hauteur.
Lorsque le cheval saute en hauteur et se pique après le saut, il est dangereux pour sauter un obstacle en largeur, il tombera inévitablement dedans. Il est de plus très déplaçant pour son cavalier qui devra être très familiarisé avec la retraite de corps, seul moyen pour lui d'éviter la chute.
Le cheval qui se jette dans les obstacles, tel, par exemple, le cheval lourd de l'avant-main, est toujours dangereux. Il ne faut pas confondre'le cheval lourd de l'avant-main avec le cheval qui tire à la main. Ce dernier est généralement un bon sauteur, mais il demande un cavalier très prudent, ayant beaucoup de sang-froid, sachant bien l'amener sur la haie. Avec ce cheval, le cavalier prendra garde qu'il ne se dérobe, ou qu'il ne s'arrête court, car, dans le premier cas, il ne pourra pas même se servir de sa cravache pour paralyser l'écart, le cheval s'emporterait ; dans le second cas, il faudrait faire une retraite de corps immédiate et appliquer la cravache sans autre réflexion.
Le cheval de chasse, très recherché par les amateurs, est généralement un cheval très bien équilibré, ayant le garrot assez en arrière, le rein court, le jarret assez droit. Selon lesaptitudes de sou cavalier, il se livre plus ou moins bien sur la haie, mais il est généralement très franc. Malgré cela, il faudra toujours se tenir sur ses gardes, et se rappeler immédiatement qu'il n'y a que la retraite de corps qui puisse sauvegarder le cavalier contre les refus de sauter, les arrêts brusques ; c'est encore elle qui le protégera, lorsque le cheval, après avoir sauté, se sauve au galop.
Pour reconnaître les aptitudes de son cheval et bien le juger, on le met au caveçon, légèrement enrêné sur le bridon, en cercle, et on lui fait sauter l'obstacle sans cavalier ; on peut le faire ensuite sur la ligne droite en suivant le cheval avec la chambrière. De cette manière le cavalier sait bien vite à quoi s'en tenir sur la franchise de son cheval, sur sa manière de sauter, et sur le degré de force transmise dont il aura besoin de faire usage pour le faire sauter.

Source : « *Principes d'équitation* » ERNEST LALANNE 1880.
aux éditions A. DEGORCE-CADOT

Trucs et astuces

Pour occuper un cheval au box qui s'ennuie, vous pouvez accrocher une balle de tennis au bout d'une ficelle au milieu de l'ouverture de la porte ou mettre dans son box un bidon en plastique percé de gros trous dans lequel vous aurez mis des granulés. Votre cheval s'occupera en poussant le bidon avec son nez pour récupérer la nourriture. Mais le mieux est quand même si c'est possible une sortie quotidienne au paddock et le contact avec d'autres chevaux.

Lun.24 NOVEMBRE
matin
après-midi

Mar.25 NOVEMBRE
matin
après-midi

Mer.26 NOVEMBRE
matin
après-midi

Jeu.27 NOVEMBRE
matin
après-midi

Ven.28 NOVEMBRE
matin
après-midi

Sam.29 NOVEMBRE
matin
après-midi

Dim.30 NOVEMBRE
matin
après-midi

Mois de Décembre

Le cheval est pour l'homme comme les ailes pour l'oiseau.

Proverbe Turkmène

Cheval de légende :
Mazeppa

TITRE d'un roman de Lord Byron, d'un poème de Victor Hugo, d'une toile de Théodore Géricault et plus récemment d'un film de Bartabas, cette légende est inspirée de l'histoire d'Ivan Mazeppa, noble ukrainien qui aurait noué une relation amoureuse avec la comtesse Thérèsa, alors qu'il était page à la cour du roi de Pologne Jean II Casimir Vasa. Le mari ayant surpris Mazeppa en flagrant délit d'adultère l'aurait attaché nu sur le dos d'un cheval sauvage afin qu'il l'emporte au fin fond des steppes ukrainiennes.

Race : le cheval islandais

Le feu sous la glace... À l'image de son île d'origine, le cheval islandais est arrivé en 930 avec les premiers colons. En raison de l'interdiction d'importer des chevaux sur l'île, loi qui existe toujours, le cheval islandais n'a pas varié depuis mille ans. Il a gardé les allures caractéristiques des chevaux de l'époque, pouvant avoir cinq allures : le tölt, sorte de pas accéléré très confortable et l'amble en plus du pas, du trot et du galop.
Rustique, le cheval islandais est de petite taille (1 m 30-1 m 40 en moyenne). Son poil est épais, sa crinière longue ; sa tête est grosse par rapport au corps avec un toupet abondant qui peut recouvrir ses yeux. Sa croupe est puissante, ses membres courts, avec des sabots si durs qui rendent souvent inutile le ferrage.
Le cheval islandais est une race tardive dont le débourrage se fait vers 5 ans et dont la durée de vie est de 40 ans. Véritable 4x4 du cavalier, il passe partout en randonnée et peut porter un homme sans difficultés malgré sa petite taille. En Islande, il sert encore à rassembler les moutons. Les chevaux islandais sont aussi utilisés pour le sport : courses d'amble très populaires en Islande ou compétitions d'allures dont il existe un championnat du monde. Pour préserver la race de toute maladie venant du continent, tout cheval qui quitte l'île, même pour une rencontre sportive n'a pas le droit d'y revenir. De même le matériel (selle, filet, tenue d'équitation...) doit être désinfecté avant d'être importé en Islande.

Le saviez-vous ?

Du temps d'arrêt

Nous engageons les cavaliers à se méfier du temps d'arrêt, parce qu'il est toujours brusque et qu'alors il y a surprise.
Il faut être surtout sur ses gardes lorsque l'on veut faire franchir un obstacle à son cheval.
Dans ces cas, il arrive souvent, on ne sait trop pourquoi, que le cheval arrivé devant l'obstacle, s'arrête tout à coup et se pique sur ses jambes antérieures. Si le cavalier ne combat pas immédiatement la force de projection par une énergique retraite de corps, elle le fera passer par-dessus la tête de son cheval.
Une fois la retraite de corps opérée, le cavalier attaquera vigoureusement son cheval de la cravache et des jambes, et le portera de nouveau sur l'obstacle.

Source : « *Principes d'équitation* » ERNEST LALANNE 1880.
aux éditions A. DEGORCE-CADOT

Choisir sa selle

Le choix d'une selle n'est pas anodin car une selle adaptée conditionne le confort du cavalier et du cheval. Plusieurs critères sont à prendre en ligne de compte pour l'achat d'une selle.

La discipline pratiquée : en effet, une selle d'obstacles n'a pas les mêmes caractéristiques qu'une selle de dressage. La selle d'obstacles grâce à ses quartiers orientés vers l'avant et son siège « plat » favorise la position en équilibre avec des étriers chaussés courts. La selle de cross a un siège plus creux et des taquets avant et arrières pour assurer la fixité de la jambe lors des sauts d'obstacles naturels. La selle de dressage avec ses quartiers longs, son siège creux et son sanglage long favorise la position du cavalier exigée par cette discipline : jambes descendues, assiette fixe et profonde, contact important avec le cheval. La selle de randonnée, enfin a été conçue pour favoriser le confort du cavalier et du cheval pour de longues heures en extérieur : siège large, large matelassure pour assurer une bonne répartition du poids du cavalier sur le dos du cheval, dégarottage maximum et nombreux points d'attache pour les sacoches. Les selles western relèvent du même esprit.

Si vous pratiquez plusieurs disciplines sans véritablement faire de compétition, optez pour une selle mixte qui vous permet à la fois de travailler sur le plat, de sauter et d'être à l'aise en extérieur. Pour les jeunes enfants montant des petits poneys, la bardette à boudins sans arçons offre une position sécurisante surtout sans étriers, tout en étant adaptée au physique des petits poneys.

La taille : Pour que le cavalier soit à l'aise dans sa selle, celle-ci doit offrir un espace d'assise suffisant. Les tailles de siège sont exprimées en pouces (symbole « allant de 0.5 en 0.5, de 14 (correspond à une taille de pantalon 6-8 ans) à 18.5 (taille 46-48). La taille d'une selle pour un adulte de taille et de corpulence normales est de 17 ou 17.5.

Pour que la selle soit aussi adaptée au cheval, certains modèles proposent des ouvertures de garrot différentes pour que la selle ne blesse pas le garrot du cheval.

Le nec plus ultra : une selle sur mesure à la fois pour le cheval et son cavalier !

La matière : cuir ou synthétique, chaque matière a ses avantages et ses inconvénients. Matériau naturel et noble, le cuir est plus confortable et a une durée de vie plus importante si la selle est bien entretenue. Mais il nécessite un entretien régulier. Moins cher à l'achat, la selle synthétique est facile à entretenir et est plus légère. Mais elle n'est pas véritablement adaptée pour une pratique intensive : moins confortable et moins résistante qu'une selle en cuir. Mais si vous ne montez qu'occasionnellement, à même coût optez pour une selle synthétique plutôt que pour une selle en cuir bas de gamme, plus inconfortable pour vous et votre cheval.

Lun.1er DÉCEMBRE

matin

après-midi

Mar.2 DÉCEMBRE

matin

après-midi

Mer.3 DÉCEMBRE

matin

après-midi

Jeu.4 DÉCEMBRE

matin

après-midi

Ven.5 DÉCEMBRE

matin

après-midi

Sam.6 DÉCEMBRE

matin

après-midi

Dim.7 DÉCEMBRE

matin

après-midi

Lun.8 DÉCEMBRE

matin

après-midi

Mer.9 DÉCEMBRE

matin

après-midi

Jeu.10 DÉCEMBRE

matin

après-midi

Jeu.11 DÉCEMBRE

matin

après-midi

Ven.12 DÉCEMBRE

matin

après-midi

Sam.13 DÉCEMBRE

matin

après-midi

Dim.14 DÉCEMBRE

matin

après-midi

Le cheval idéal

Au niveau conformation, le cheval « idéal » aura une tête assez fine avec un front large, des oreilles bien orientées, des yeux vifs, des ganaches assez écartées, une encolure relativement longue, étoffée et bien greffée, une épaule inclinée, assez longue, des membres solides, de bons aplombs, des pieds sains, un garrot sorti, mais sans exagération et prolongé vers l'arrière, un poitrail large., un dos fort et pas trop long., une arrière-main forte avec des hanches assez larges et légèrement arrondies: des cuisses et des jambes musclées, des jarrets bas et larges.

Trucs et astuces

Pour nettoyer vite fait votre filet ou bride entre 2 passages au savon glycériné et graissage, passez sur les cuirs une lingette de bébé.

Hans le malin

Au début du XXe siècle, un cheval entraîné par M. von Osten, professeur de mathématiques, faisait sensation en Allemagne : il était capable de compter, reconnaître des couleurs, des notes de musique et même de lire en répondant aux questions de son maître en grattant le sol avec son sabot ou en hochant la tête, à condition que la réponse aux questions soit « oui » ou « non » ou soit un nombre. La réputation d'Hans le malin dépasse vite les frontières de son pays. Différents savants s'interrogent sur ce cas et essayent de déceler une supercherie. Après avoir tenté plusieurs expériences, ils s'aperçoivent qu'Hans se trompe dans ses réponses lorsqu'il porte des œillères, ne voit pas la personne qui l'interroge ou lorsque celle-ci ne connaît pas la réponse à la question posée. En effet, Hans trouvait les réponses en observant les expressions du visage et du corps que faisait la personne même involontairement car Hans répondait aux questions même si elles n'étaient pas posées par son maître. Von Osten, fin observateur, avait remarqué que son cheval réagissait à ses expressions et l'avait dressé à répondre aux questions de cette façon.

Le saviez-vous ?

La Saccade

La saccade est un à-coup donné sur la bouche du cheval par la main du cavalier. On dit aussi dans ce cas sonner sur la bouche du cheval.
Beaucoup de personnes qui montent à cheval ont la mauvaise habitude, pour ébranler leur monture ou en accélérer l'allure, de donner ainsi des à-coups. Il arrive alors souvent que le cheval ne leur répond pas ouse défend, car, avec leurs à-coups de mains, ils l'excitent plutôt à marcher en arrière qu'en avant.
La main ne sert qu'à donner la direction au cheval ; ce sont les jambes qui sont chargées de le porter en avant.

Source : « *Principes d'équitation* » ERNEST LALANNE 1880.
aux éditions A. DEGORCE-CADOT

La Main légère

On dit que la main est légère lorsqu'elle possède un grand tact ; qu'elle est en rapport constant avec le poids déplacé ; qu'elle sait ne jamais être surprise. Il faut encore qu'elle ne fasse jamais, ni en avant, ni en arrière, un mouvement de nature à déséquilibrer le poids du cheval.
Une main légère sait, par un tact de souplesse, prendre possession de n'importe quelle construction d'encolure sans gêner la marche du cheval, ni provoquer ses défenses.
Le cavalier qui a la main légère saura, même après un déplacement, retrouver son assiette sans se raccrocher aux rênes.

Source : « *Principes d'équitation* » ERNEST LALANNE 1880.
aux éditions A. DEGORCE-CADOT

Raser le tapis

Se dit du cheval dont les sabots se soulèvent avec peine pour se porter en avant.
Les chevaux qui ont ce défaut sont dangereux pour la selle, car ils buttent facilement à la moindre inégalité du sol ou àla rencontre du plus petit corps étranger.

Source : « *Principes d'équitation* » ERNEST LALANNE 1880.
aux éditions A. DEGORCE-CADOT

Lun.15 DÉCEMBRE
matin
après-midi

Mar.16 DÉCEMBRE
matin
après-midi

Mer.17 DÉCEMBRE
matin
après-midi

Jeu.18 DÉCEMBRE
matin
après-midi

Ven.19 DÉCEMBRE
matin
après-midi

Sam.20 DÉCEMBRE
matin
après-midi

Dim.21 DÉCEMBRE
matin
après-midi

Lun.22 DÉCEMBRE
matin
après-midi

Mer.23 DÉCEMBRE
matin
après-midi

Jeu.24 DÉCEMBRE
matin
après-midi

Jeu.25 DÉCEMBRE
matin
après-midi

Ven.26 DÉCEMBRE
matin
après-midi

Sam.27 DÉCEMBRE
matin
après-midi

Dim.28 DÉCEMBRE
matin
après-midi

Le Salon du Cheval de Paris

Depuis plus de 40 ans, le Salon du Cheval de Paris est le rendez-vous de fin d'année des passionnés de chevaux. La première édition eut lieu en 1972 à la Bastille mais très vite le Salon investit le parc des Expositions de la Porte de Versailles avant de déménager, il y a cinq ans au Parc des Expositions de Paris Nord Villepinte. Le Salon du Cheval de Paris accueille de grands rendez-vous : Gucci Masters qui réunit les plus grands cavaliers de saut d'obstacles de la planète, championnat du Monde du cheval arabe avec les plus beaux spécimens de la race, Nuit du Cheval, Indoors de France ainsi que des animations quotidiennes sur les différentes carrières du Salon. C'est aussi l'occasion de faire ses achats cheval de Noël auprès des centaines d'exposants.

Le cheval qui pète des écus !

Autrefois en Beauce, les maîtres étaient rudes et les ouvriers agricoles, souvent rudoyés, mal nourris et mal payés. Cette année-là, l'hiver était rigoureux : toute la plaine de Beauce était pétrifiée comme dans un grand linceul de gel.

Dans une « grand'farme » travaillaient une bonne vingtaine d'ouvriers. Mais le froid les faisait rester dans les étables et les écuries à tuer le temps. Ce qui ne plaisait pas du tout au patron. Les bouches inutiles à nourrir durent retourner dans leur village. Le patron ne garda avec lui que quatre hommes pour faire les travaux d'hiver. Parmi eux, Barbe Rousse, maître charretier qui s'entendait mieux avec les chevaux qu'avec les hommes.

« Toué, tu vas aller m'répandre l'fumier dans les champs ! » lui dit le patron. Barbe Rousse s'emmitoufla avec des vieux sacs et des bas de laine pour affronter la froidure. Il alla chercher le tombereau et son cheval préféré, Tambour, un beau noir, dur comme un roc.

« Tambour, mon gros, on y va ! J'vons t'couvri car i'fait fré d'hors, crénom ! »

Le tas de fumier remplissait toute la cour. Barbe Rousse se mit au travail. C'était très dur car le fumier était gelé et il fallait pousser fort la fourche dedans. De temps en temps, le brave gars buvait un petit coup de gnôle pour se réchauffer le ventre.

Le tombereau plein, ils partirent vers les champs pour le vider. À midi, le patron s'écria :

« J'avons rêvé qu'on allin fair'maigr'an'hui... Tu voués pas tout l'proufit qu'j'ons pardu ! Damé ouiche !

— Patron, faut m'donner à manger sinon j'vas querver dans le fossé et mon ch'vau aussi !

— Moué, j'tons bon prince. J'voulons ben t'donner à manger pus que ton saoul et ça jusqu'à la Passé d'aoust, mais i'faut qu't'm'répand'tout le tas d'fumier d'ici demain souer ! »

Barbe Rousse ne dit rien et repartit vers le tas de fumier. Et il en fit des tours et des tours. Mais la nuit tombe vite en hiver. Jamais il n'arriverait à bout de ce tas de fumier avant le lendemain soir. Il regagna son coin dans l'écurie après avoir pansé son cheval.

Tout à coup, le cheval péta et Barbe Rousse entendit comme un bruit métallique, comme celui d'une pièce qui roulait sur le sol.

« Ça s'rait'i qu'tu p'terais des sous, toué ? ».

Le charretier se leva et alla regarder entre les jambes de son cheval. Là, par terre, dans la litière, brillait un magnifique « jaunet » : une pièce en or !

« Ah ! J'vas fair'bombance ! S'écria-t-il.

- Niquedouille, lui murmura le cheval. Gaspiller une si belle pièce en or ! Approch', j'ons queuchous'à t'dire ! ». Barbe Rousse approcha son oreille du museau de Tambour. Longuement, le cheval lui parla.

Le lendemain, de très bonne heure, Barbe Rousse, debout au sommet du tas de fumier brailla :

« Y'a des écus dans l'fumier ! ». Le vacher et le berger aussitôt se précipitèrent et virent une belle pièce d'or. Sûr, il devait y en avoir d'autres. Vite, ils se mirent à fouiller le fumier et à aider à charger le tombereau. L'espoir de trouver un trésor leur donnait du cœur à l'ouvrage. Quand tout le tas de fumier fut vidé, ils durent admettre qu'il n'y avait pas de fortune cachée là. Barbe Rousse donna la pièce d'or à ses deux compagnons pour les récompenser de leur aide.

Le patron qui était allé en ville n'en crut pas ses yeux en revenant.

« Ça ?...Ben ça !! Où'c'qu'est mon tas d'fumier ? ». Il a été forcé de tenir sa promesse et de donner à manger à son maître charretier « pus qu'son saoul » et ça jusqu'à la « mouésson ».

Depuis ce temps-là, Barbe Rousse, quand il dormait près de Tambour, tendait toujours une oreille : « des foués qu'l'chevau i's'mettrait à péter ! ».

D'après un conte collecté en Beauce vers 1830 par FILLEUL-PETIGNY auprès de Jeanne Ferron

Lun.29 DÉCEMBRE

matin

après-midi

Mar.30 DÉCEMBRE

matin

après-midi

Mer.31 DÉCEMBRE

matin

après-midi

Notes

MA LICENCE UNE ÉVIDENCE

LE CHEVAL c'est TROP GÉNIAL !
www.ffe.com

A renouveler
AVANT LE
31 DÉCEMBRE

Mes Galops®
Mon assurance
Ma page cavalier FFE
Mes avantages licences

FEDERATION FRANÇAISE D'EQUITATION

2015

Mois de Janvier

1	J	Jour de l'an
2	V	Basile
3	S	Geneviève
4	D	Odilon
5	L	Edouard
6	M	Mélaine
7	M	Raymond
8	J	Lucien
9	V	Alix
10	S	Guillaume
11	D	Pauline
12	L	Tatiana
13	M	Yvette
14	M	Nina
15	J	Rémi
16	V	Marcel
17	S	Roseline
18	D	Prisca
19	L	Marius
20	M	Sébastien
21	M	Agnès
22	J	Vincent
23	V	Barnard
24	S	Fr. de Sales
25	D	Conv. de Paul
26	L	Paule
27	M	Angèle
28	M	Th. d'Aquin
29	J	Gildas
30	V	Martine
31	S	Marcelle

Mois de Février

1	D	Ella
2	L	Présentation
3	M	Blaise
4	M	Véronique
5	J	Agathe
6	V	Gaston
7	S	Eugénie
8	D	Jaqueline
9	L	Apolline
10	M	Arnaud
11	M	ND De Lourdes
12	J	Félix
13	V	Béatrice
14	S	Valentin
15	D	Claude
16	L	Julienne
17	M	Alexis
18	M	Bernadette
19	J	Gabin
20	V	Aimée
21	S	Damien
22	D	Isabelle
23	L	Lazare
24	M	Modeste
25	M	Roméo
26	J	Nestor
27	V	Honorine
28	S	Romain

Mois de Mars

1	D	Aubin
2	L	Ch. le Bon
3	M	Guénolé
4	M	Casimir
5	J	Olive
6	V	Colette
7	S	Félicité
8	D	Jean de Dieu
9	L	Françoise
10	M	Vivien
11	M	Rosine
12	J	Justine
13	V	Rodrique
14	S	Mathilde
15	D	Louise
16	L	Bénédicte
17	M	Patrice
18	M	Cyrille
19	J	Joseph
20	V	Printemps
21	S	Clémence
22	D	Léa
23	L	Victorien
24	M	Catherine
25	M	Annonciation
26	J	Larissa
27	V	Habib
28	S	Gontran
29	D	Gwladys
30	L	Amédée
31	M	Benjamin

Mois d'Avril

1	M	Hugues
2	J	Sandrine
3	V	Richard
4	S	Isidore
5	D	Pâques
6	L	L. de Pâques
7	M	J.-B. de la S.
8	M	Julie
9	J	Gauthier
10	V	Fulbert
11	S	Stanislas
12	D	Jules
13	L	Isla
14	M	Maxime
15	M	Paterne
16	J	B.-Joseph
17	V	Anicet
18	S	Parfait
19	D	Emma
20	L	Odette
21	M	Anselme
22	M	Alexandra
23	J	Georges
24	V	Fidèle
25	S	Marc
26	D	Alida
27	L	Zita
28	M	Valérie
29	M	Cath. de Si.
30	J	Robert

Mois de Mai

1	V	Fête du travail
2	S	Boris
3	D	Phil., Jacq.
4	L	Sylvain
5	M	Judith
6	M	Prudence
7	J	Gisèle
8	V	Armistice 1945
9	S	Pacôme
10	D	Solange
11	L	Estelle
12	M	Achille
13	M	Rolande
14	J	Ascension
15	V	Denise
16	S	Honoré
17	D	Pascal
18	L	Éric
19	M	Yves
20	M	Bernardin
21	J	Constantin
22	V	Émile
23	S	Didier
24	D	Pentecôte
25	L	Sophie
26	M	Bérenger
27	M	Augustin
28	J	Germain
29	V	Aymar
30	S	Ferdinand
31	D	Visitation

Mois de Juin

1	L	Justin
2	M	Blandine
3	M	Kévin
4	J	Clothilde
5	V	Igor
6	S	Norbert
7	D	Gilbert
8	L	Ménard
9	M	Diane
10	M	Landry
11	J	Barnabé
12	V	Guy
13	S	Antoine de P.
14	D	Élisée
15	L	Germaine
16	M	J.-F. Régis
17	M	Hervé
18	J	Léonce
19	V	Romuald
20	S	Silvère
21	D	Été
22	L	Alban
23	M	Audrey
24	M	Jean-Baptiste
25	J	Prosper
26	V	Anthelme
27	S	Fernand
28	D	Irénée
29	L	Pierre, paul
30	M	Martial

Mois de Juillet

1	M	Thierry
2	J	Martinien
3	V	Thomas
4	S	Florent
5	D	Antoine
6	L	Mariette
7	M	Raoul
8	M	Amandine
9	J	Ulrich
10	V	Benoît
11	S	Olivier
12	D	Henri, Joël
13	L	Fête Nationale
14	M	Donald
15	M	ND Mt Carmel
16	J	Charlotte
17	V	Frédéric
18	S	Arsène
19	D	Marina
20	L	Victor
21	M	Marie-Madeleine
22	M	Brigitte
23	J	Christine
24	V	Jacques
25	S	Conv. de Paul
26	D	Anne, Joaquim
27	L	Nathalie
28	M	Samson
29	M	Marthe
30	J	Juliette
31	V	Ignace de L.

Mois d'Août

1	S	Alphonse
2	D	Julien Eym.
3	L	Lydie
4	M	J.-M. Vianney
5	M	Abel
6	J	Transfiguration
7	V	Gaétan
8	S	Dominique
9	D	Amour
10	L	Laurent
11	M	Claire
12	M	Clarisse
13	J	Hippolyte
14	V	Evrard
15	S	Assomption
16	D	Armel
17	L	Hyacinthe
18	M	Hélène
19	M	Jean-Eudes
20	J	Bernard
21	V	Christophe
22	S	Fabrice
23	D	Rose de Lima
24	L	Barthélémy
25	M	Louis
26	M	Natacha
27	J	Monique
28	V	Augustin
29	S	Sabine
30	D	Fiacre
31	L	Aristide

Mois de Septembre

1	M	Gilles
2	M	Ingrid
3	J	Grégoire
4	V	Rosalie
5	S	Raïssa
6	D	Bertrand
7	L	Reine
8	M	Nativité
9	M	Alain
10	J	Inès
11	V	Adelphe
12	S	Appolinaire
13	D	Aimé
14	L	La Croix
15	M	Roland
16	M	Édith
17	J	Renaud
18	V	Nadège
19	S	Émile
20	D	Davy
21	L	Matthieu
22	M	Maurice
23	M	Automne
24	J	Thècle
25	V	Hermann
26	S	Côme, Damien
27	D	Vincent de P.
28	L	Venceslas
29	M	Michel
30	M	Jérôme

Mois d'Octobre

1	J	Thér. fr l'E.
2	V	Léger
3	S	Gérard
4	D	F. d'Assise
5	L	Fleur
6	M	Bruno
7	M	Serge
8	J	Pélagie
9	V	Denis
10	S	Gislain
11	D	Firmin
12	L	Wilfried
13	M	Géraud
14	M	Juste
15	J	Thér. d'Avila
16	V	Edwige
17	S	Baudoin
18	D	Luc
19	L	René
20	M	Adeline
21	M	Céline
22	J	Élodie
23	V	Jean de C.
24	S	Florentin
25	D	Crépin
26	L	Dimitri
27	M	Émeline
28	M	Jude
29	J	Narcisse
30	V	Bienvenu
31	S	Quentin

Mois de Novembre

1	D	Toussaint
2	L	Défunts
3	M	Hubert
4	M	Charles
5	J	Sylvie
6	V	Bertille
7	S	Carine
8	D	Geoffroy
9	L	Théodore
10	M	Léon
11	M	Armistice 1918
12	J	Christian
13	V	Brice
14	S	Sidoine
15	D	Albert
16	L	Julienne
17	M	Marguerite
18	M	Élisabeth
19	J	Aude
20	V	Tanguy
21	S	Edmond
22	D	Prés. de Marie
23	L	Cécile
24	M	Clément
25	M	Flora
26	J	Catherine
27	V	Delphine
28	S	Séverin
29	D	Saturnin
30	L	André

Mois de Décembre

1	M	Florence
2	M	Viviane
3	J	Fr. Xavier
4	V	Barbara
5	S	Gérald
6	D	Nicolas
7	L	Ambroise
8	M	Im. Concept.
9	M	Pierre Fourier
10	J	Romaric
11	V	Daniel
12	S	Jean. F. de C.
13	D	Lucie
14	L	Odile
15	M	Ninon
16	M	Alice
17	J	Gaël
18	V	Gatien
19	S	Urbain
20	D	Théophile
21	L	Hiver
22	M	Fr. Xavière
23	M	Armand
24	J	Adèle
25	V	Noël
26	S	Etienne
27	D	Jean
28	L	Innocents
29	M	David
30	M	Roger
31	J	Sylvestre

PROJET ÉDUCATIF DE LA FFE

FAVORISER
une vie en société dans le respect des autres, de la vie animale et du milieu naturel.

DONNER
le goût de l'acquisition et de la transmission des savoirs.

PROMOUVOIR
les bienfaits des activités physiques et sportives.

DÉVELOPPER
le goût de l'effort et des satisfactions qu'il donne.

VALORISER
l'engagement et le sens des responsabilités.

MA PAGE CAVALIER FFE

CHARTE FÉDÉRALE DU CAVALIER

JE RESPECTE MON CHEVAL

- Je cherche à le connaître et à le comprendre.
- Je prends le temps de m'occuper de lui.
- J'apprends à le soigner pour sa santé et son bien-être.
- J'agis avec calme et cohérence.
- Je respecte l'intégrité physique de mon cheval.

JE RESPECTE LES AUTRES ET L'ENVIRONNEMENT

- Je suis courtois envers mon enseignant, les autres cavaliers, mon entourage et toutes les personnes que je côtoie.
- Je respecte les règles de mon club, les règles du jeu et les règles de sécurité à pied comme à cheval.
- Je respecte les autres usagers et les règles de circulation lorsque je me promène à cheval.
- Je respecte la nature, j'économise l'eau et l'énergie. Je limite et je trie mes déchets.
- Je respecte le matériel que j'utilise et je le range.

JE RESPECTE LES VALEURS DU SPORT

- Je prends en compte objectivement mon niveau.
- Je m'entraîne régulièrement pour progresser.
- Je respecte le règlement, les arbitres, le jury et les autres concurrents.
- Je refuse le dopage.
- Je suis fair-play en toutes circonstances.

OBJECTIF GALOPS®

APPRENDRE
à connaître le cheval et bien s'en occuper.

ACQUÉRIR
les connaissances qui permettent de devenir autonome.

RYTHMER
son apprentissage par des étapes logiques.

SITUER
son niveau pour constater ses progrès et rester motivé.

SE PRÉPARER
à la compétition.

boutique.ffe.com

FÉDÉRATION FRANÇAISE D'ÉQUITATION

ADRESSES UTILES

Fédération Française d'Équitation Parc équestre fédéral
41 600 Lamotte-Beuvron.
Tél. 02 54 94 46 00 www.ffe.com

Institut du Cheval et de l'Équitation
BP 207 Terrefort 49 411 Saumur Cedex.
Tél. 0811 90 21 31 www.haras-nationaux.fr www.cadrenoir.fr

France Galop (courses de galop)
46 place Abel Gance 92 100 Boulogne Billancourt.
Tél. 01 49 10 20 30 www.france-galop.com

Société du Cheval Français (courses de trot)
7 rue d'Astorg 75 008 Paris.
Tél. 01 49 77 17 17 www.cheval-francais.com

Fédération Française de Polo
Route des Moulins Bois de Boulogne 75 116 Paris.
Tél. 01 44 14 10 24 www.francepolo.com

Ligue française pour la protection du cheval Maison des vétérinaires.
10 place Léon Blum
Tél. 03 25 80 83 81 www.lfpcheval.fr

Association Traits de Génie Biadet
82 340 Donzac www.traitsdegenie.com

Fédération des poneys et petits chevaux de France
www.poneys-france.fr

Association Nationale du Selle Français
56 avenue Ginoux - BP 105 - 92 124 Montrouge Cedex
Tél. 899 23 23 18 www.sellefrancais.fr

Fédération Équestre Internationale HM King Hussein I Building
Chemin de la Joliette 8 1 006 Lausanne Suisse
Tél. 00 41 21 310 47 47. www.fei.org

L'Almanach du cheval 2014
par Frédérique MONNIER

Directeur de collection : Christophe Matho
Conception graphique et maquette :
Antoine Albertini - Line Lévêque

Édition, réalisation : COMMUNICATION-PRESSE-EDITION
BP 57 - 5 Allée de la Tuilerie - 41202 Romorantin Cedex
Téléphone : 02 54 83 41 41 - Fax : 02 54 83 41 43
E-mail : almanachs@cpe-editions.com - www.cpe-editions.com

Imprimé en France - Imprimerie Clerc à Saint-Amand-Montrond - 2013
EAN : 9782365721813
ISBN : 978-2-36572-181-3
Dépôt légal à parution

Les ALMANACHS

un semainier pour utiliser votre almanach comme un agenda !

Découvrez nos 44 Terroirs disponibles + 7 éditions spéciales

ALMANACH GOURMAND
ALMANACH DU PÊCHEUR
ALMANACH DU CHASSEUR
ALMANACH DES FOUS DU TRACTEUR
ALMANACH DE LA GRANDE GUERRE 14-18
ALMANACH DES 70 ANS DE LA LIBÉRATION
ALMANACH DU CHEVAL

Prix public : ~~9,90€~~

Prix maison ! 9,40€* l'exemplaire

*Loi Lang 1986

BON DE COMMANDE Almanachs

VOTRE COMMANDE ALMANACH(S)		
Quantité (s)	Titre (s)	Prix
	Pour plus d'almanachs nous contacter PORT	3,00 €
TOTAL À PAYER :		.....,.. €

A RETOURNER : CPE - ZA du Pâtureau 2000 (Pruniers) - BP 57 41202 ROMORANTIN Cedex - Tél. 02 54 83 41 45

- ❑ AIN - BRESSE-BUGEY
- ❑ ALSACE
- ❑ ANJOU
- ❑ ARDENNAIS
- ❑ AUVERGNE
- ❑ AVEYRON
- ❑ BASQUE
- ❑ BEAUCE - PERCHE
- ❑ BERRICHON
- ❑ BORDELAIS
- ❑ BOURBONNAIS-NIVERNAIS
- ❑ BOURGOGNE
- ❑ BRETAGNE
- ❑ BRIE - SEINE ET MARNE
- ❑ CATALAN
- ❑ CHAMPAGNE
- ❑ CHARENTES
- ❑ CORSE
- ❑ DRÔME-ARDÈCHE
- ❑ FRANCHE-COMTÉ
- ❑ GERS - LOT ET GARONNE
- ❑ ISÈRE - HAUTES-ALPES
- ❑ LANDES
- ❑ LANGUEDOC
- ❑ LIMOUSIN
- ❑ LOIRE-FOREZ
- ❑ LORRAIN
- ❑ LOZERE
- ❑ LYONNAIS - BEAUJOLAIS
- ❑ MAINE
- ❑ NORD
- ❑ NORMANDIE
- ❑ ORLÉANAIS GÂTINAIS
- ❑ PÉRIGORD
- ❑ PICARDIE
- ❑ POITOU
- ❑ PROVENCE
- ❑ PYRÉNÉES
- ❑ QUERCY
- ❑ SAVOIE
- ❑ SOLOGNE
- ❑ TOULOUSAIN ET ALBIGEOIS
- ❑ TOURAINE
- ❑ VENDÉE

- ❑ ALMANACH GOURMAND
- ❑ ALMANACH DU PÊCHEUR
- ❑ ALMANACH DU CHASSEUR
- ❑ ALMANACH DES FOUS DU TRACTEUR
- ❑ ALMANACH DE LA GRANDE GUERRE 14-18
- ❑ ALMANACH DES 70 ANS DE LA LIBÉRATION
- ❑ ALMANACH DU CHEVAL

❑ **TOTAL ALMANACH(S)**

Nom .... Prénom ....

Adresse ....

Code postal /__/__/__/__/__/ Ville ....

Tél .... Adresse mail ....

❑ Je vous envoie ce bon complété et je joins mon chèque bancaire ou postal à l'ordre de CPE.

❑ Je vous envoie ce bon complété et j'indique ici le numéro de ma carte bancaire : CB

/__/__/__/__/ /__/__/__/__/ /__/__/__/__/ /__/__/__/__/ Date de validité : /__/__/ /__/__/

3 numéros au dos de la carte : /__/__/__/

Signature obligatoire :

Patois et chansons de nos Grands-Pères

Mémoire du patrimoine oral... Langues régionales, patois, parlage, parler... chansons et monologues des terroirs de France.

Quoi de mieux pour sauver nos vieux parlages, nos vieux parleurs, nos vieux patois... ceux de nos ancêtres, que de faire un ouvrage regroupant ces trésors du verbe proprement dit mais aussi la présentation des poètes et chansonniers patoisants et leurs œuvres les plus connues.

Prix public : ~~22 €~~

Prix maison ! 20,90€ l'exemplaire

PARLER D'OLÉRON
PARLER CHARENTOCIEN
CAUSEMENT DU BAS-MAINE
LANGUE BASQUE
LANGUE EN CHAMPAGNE
PATOIS DU POITOU
PATOIS RÉTAIS
VIEUX PARLER ET CHANSONS DE NOS GRANDS-PÈRES ARDENNAIS
PATOIS ET CHANSONS DE NOS GRANDS-PÈRES EN BERRY
LA LANGUE EN BASSE BRETAGNE
PATOIS ET CHANSONS DE NOS GRANDS-PÈRES DANS LES CHARENTES
PATOIS ET CHANSONS DE NOS GRANDS-PÈRES CH'TIS
PARLER ET CHANSONS DE NOS GRANDS-PÈRES EN GALLO
LANGUE ET CHANSONS EN PAYS DE GASCOGNE
LANGUES ET CHANSONS DE NOS GRAND-PÈRES EN LIMOUSIN
LANGUES DE LORRAINE *(TOME 1, LE PATOIS)*
LANGUES DE LORRAINE *(TOME 2, LE PLATT)*
PATOIS ET CHANSONS DE NOS GRANDS-PÈRES MARCHOIS
VIEUX PARLER ET CHANSONS DE GRANDS-PÈRES NANTAIS
LANGUE ET CHANSON DE NOS GRANDS-PÈRES EN NISSART
PATOIS ET CHANSONS DE NOS GRANDS-PÈRES DES TERROIRS DE L'ORLÉANAIS
PATOIS ARPITAN ET CHANSONS DE NOS GRANDS-PÈRES SAVOYARDS
VIEUX PARLAGES ET CHANSONS DE NOS GRANDS-PÈRES EN SOLOGNE
PATOIS ET CHANSONS DE NOS GRANDS-PÈRES EN VENDÉE
PATOIS ET CHANSONS DE NOS GRANDS-PÈRES EN BASSE-NORMANDIE, MANCHE, CALVADOS ET LES ÎLES
PATOIS ET CHANSONS DE NOS GRANDS-PÈRES EN ANJOU
PATOIS ET CHANSONS DE NOS GRANDS-PÈRES EN BOURGOGNE

Ouvrage relié couverture intégrale quadri
Format : 16,8 x 23 cm
160 pages, impression 2 couleurs

La cuisine de terroirs

C'est au cours du XIXe siècle que se sont installées les traditions qui ont débouché sur les plats typiques transmis de mères en filles que nous connaissons aujourd'hui. Reflet de la production agricole, maraîchère et des échanges commerciaux de la région, la cuisine du terroir est élaborée patiemment au fil des saisons et au bon vouloir de la terre. C'est une cuisine généreuse qui se mérite.

17 X 23 cm - 120 pages
2 teintes

Prix public : ~~14,90 €~~
14,15€

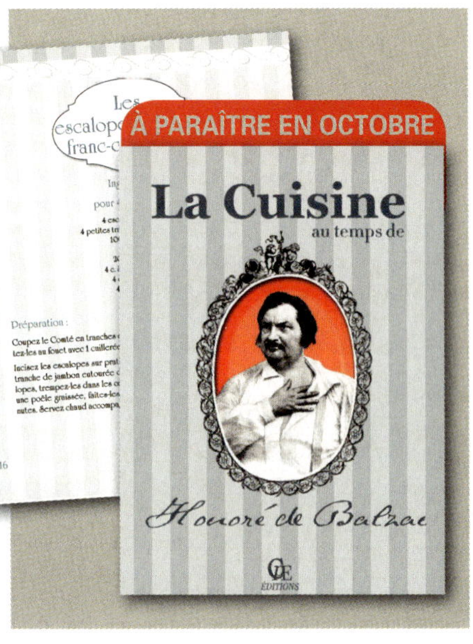

Carnets de recettes faciles

Prix public : ~~8 €~~ **7,60€**

Les carnets de recettes :

- LES DESSERTS
- L'HUILE D'OLIVE
- LES MADELEINES
- LE GIBIER
- LES POISSONS
- LA CUISINE AU VIN
- LE CHOCOLAT
- LES TARTES
- LES RECETTES POUR LES ENFANTS

Caractéristiques techniques
130 x 190 (française)
112 pages - 1 teinte

Les recettes des terroirs de ma grand-mère

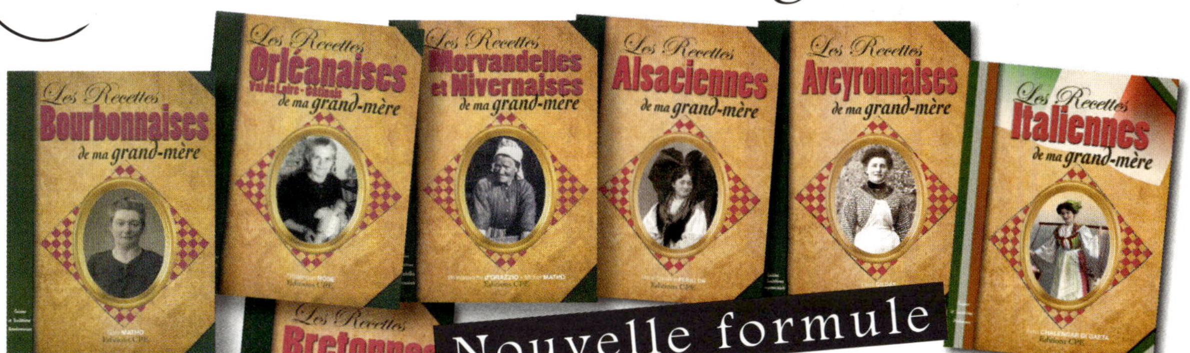

Nouvelle formule

Format : 168 x 230 mm
120 pages - 2 couleurs
Couverture souple

Prix public : ~~18 €~~

Prix maison !
17,10€
l'exemplaire

Format : 200 x 290 mm
128 pages - 2 couleurs
Couverture cartonnée

Version originale cartonnée

- RECETTES ANGEVINES
- RECETTES CHARENTAISES
- RECETTES GERSOISES
- RECETTES LANDAISES
- RECETTES MAINIOTES
- RECETTES NORMANDES
- RECETTES PÉRIGOURDINES
- RECETTES CEVENOLES PROMO 8€

Prix public : ~~18 €~~
Prix maison !
17,10€
l'exemplaire

- RECETTES ARDECHOISES ET DRÔMOISES
- RECETTES ALSACIENNES
- RECETTES ARDENNAISES
- RECETTES ARIÉGEOISES
- RECETTES AUVERGNATES
- RECETTES AVEYRONNAISES
- RECETTES BASQUES
- RECETTES BEAUCERONNES
- RECETTES BERRICHONNES
- RECETTES BORDELAISES
- RECETTES BOURBONNAISES
- RECETTES BOURGUIGNONNES
- RECETTES BRETONNES
- RECETTES CATALANES
- RECETTES CHAMPENOISES
- RECETTES CORSES
- RECETTES FRANC COMTOISES
- RECETTES LIMOUSINES
- RECETTES LORRAINES
- RECETTES LYONNAISES BEAUJOLAISES
- RECETTES MORVANDELLES ET NIVERNAISES
- RECETTES NIÇOISES
- RECETTES DU NORD
- RECETTES ORLÉANAISES
- RECETTES PICARDES
- RECETTES PIEDS NOIRS
- RECETTES POITEVINES
- RECETTES PROVENÇALES
- RECETTES SAVOYARDES
- RECETTES SOLOGNOTES
- RECETTES TOULOUSAINES
- RECETTES TOURANGELLES
- RECETTES VENDÉENNES
- RECETTES VOSGIENNES
- RECETTES DU PAYS NANTAIS
- RECETTES ITALIENNES

www.cpe-editions.com

Les Barberousse, une famille d'écrivains

La guerre crée des fractures. François Barberousse fut un écrivain très en vogue dans les années 30. Son 3e roman « Gusse » devait sortir en 1939. Gallimard songeait à en faire son poulain pour les prix littéraires. Mais ce roman ne pouvait pas sortir cette année là... il disait trop de mal de la guerre alors que son auteur était militaire. En 1939, il fallait préparer l'opinion au pire. Il fut déprogrammé et le manuscrit oublié dans un tiroir pendant 73 ans. Pourtant l'histoire de François Barberousse n'est pas banale, c'est la mère d'Alain-Fournier qui lui a appris à écrire à la communale de La Chapelle d'Angillon ! Ce qui n'est pas banal non plus, c'est que sa sœur Rose écrivait également des romans. « Marion » aurait pu être publié par Flammarion juste après guerre, il fut finalement écarté car il posait peut-être les bases d'un certain féminisme un petit peu trop tôt ! C'est donc toute une famille d'écrivains qui a été oubliée et qu'il est possible de redécouvrir avec la publication des inédits. L'un d'eux, « Épis de Glane » de François Barberousse, vient d'ailleurs de recevoir un prix littéraire.

François BARBEROUSSE

144 pages
Prix public : ~~20€~~
19€

144 pages
Prix public : ~~16€~~
15,20€

À PARAÎTRE EN OCTOBRE

256 pages
Prix public : ~~16€~~
15,20€

Prix Spécial du Jury Prix Claude Seignolle 2013

144 pages
Prix public : ~~18,90€~~
17,95€

144 pages
Prix public : ~~18,90€~~
17,95€

Rose BARBEROUSSE

Rose Barberousse est née à Brinon-sur-Sauldre dans le Cher en 1896. Elle fut un témoin privilégié du XXe siècle. Avec ce roman que Flammarion n'a finalement pas retenu, elle nous décrit la condition des femmes de son époque.

Tradition orale : collection «les passeurs de mémoires»

Le conte populaire est un conte oral traditionnel et communautaire. Il a longtemps régi la création et la circulation des histoires. C'est en fait la littérature de nos ancêtres, il a présidé les veillées de nos campagnes depuis la nuit des temps jusqu'aux années 1950. Il a aujourd'hui presque disparu. Fort heureusement, à la charnière des XIXe et XXe siècles, quelques érudits passionnés de notre folklore ont pris soin de transcrire ces contes à l'écrit, ce qui leur a permis de venir jusqu'à nous, malgré le profond bouleversement de nos sociétés rurales qui ont rompu la transmission séculaire de ces contes par le bouche-à-oreille. Tout au long de ces pages, vous découvrirez ces récits qui faisaient le charme des veillées d'autrefois, et l'âme des campagnes.

Déjà parus dans la même collection

CONTES DES PROVINCES DE FRANCE (TOME 3)
CONTES POPULAIRES ET LÉGENDES DU PAYS BASQUE
CONTES POPULAIRES DE BOURGOGNE
CONTES POPULAIRES DU BERRY
CONTES POPULAIRES DES PYRÉNÉES
CONTES POPULAIRES DE CHAMPAGNE ARDENNES
CONTES POPULAIRES DE LA MARCHE ET DU LIMOUSIN
FOLKLORE DE LA BEAUCE ET DU PERCHE
LES ALCHIMISTES DE BOURGES

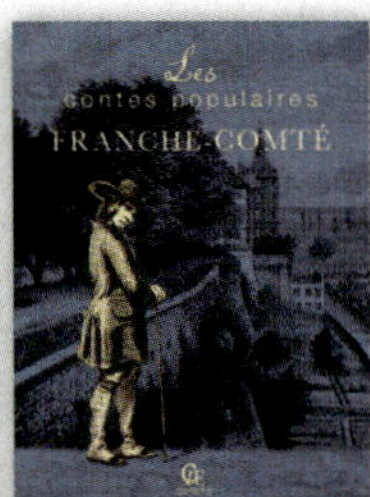

160 pages
170 x 230
Prix public : ~~20 €~~
19€

À PARAÎTRE EN OCTOBRE 2013

- CONTES POPULAIRES DE L'AUVERGNE ET DU GÉVAUDAN
- CONTES POPULAIRES DE SOLOGNE
- LE DIABLE DANS LES CONTES POPULAIRES
- CONTES POPULAIRES INÉDITS DE LORRAINE
- CONTES POPULAIRES DE GIRONDE ET DES LANDES
- CONTES POPULAIRES DE TOUTES LES ALPES
- CONTES POPULAIRES DE FRANCHE-COMTÉ
- CONTES POPULAIRES DE WALLONIE
- CONTES POPULAIRES DE LA BEAUCE ET DU PERCHE

Terroir «Classiques»

Marivole ÉDITIONS

On nous dit qu'il est imprudent de publier un roman qui ne traite pas des mœurs de Paris, de polémiques sociétales, de crises existentielles, de biographies un peu vachardes... Nous, petit éditeur d'une province, la Sologne, qui a vu naître Alain-Fournier, Marguerite Audoux, François Barberousse, qui a abrité Maurice Genevoix, Eugène Labiche..., pensons que cette littérature n'est pas la seule et qu'elle n'intéresse qu'un public bien particulier.
«Terroir», ce joli mot de la langue française, menacé par l'uniformisation de la vie moderne, par la mondialisation, par le raccourcissement des distances, par les échanges ethniques. Progrès et mélange porteur de bonnes choses, comme la connaissance et la reconnaissance de l'autre, issu de civilisations et de cultures différentes. Mais est-ce une raison pour gommer les différences régionales, les langues, les traditions, les coutumes, trop souvent mises de côté, ringardisées, et qui finissent par s'estomper.
Nous avons pensé que ce caractère était digne d'être rapporté et cette collection, Terroir «classiques», grâce à des écrivains de renom, souvent oubliés, va nous y aider.
Avec cette collection, retrouvez les grands classiques de la littérature régionaliste.

Gironde
Le roman de Jacques Bonhomme laboureur
Émile BODIN

Prix public : ~~18€~~ 17,10€

Entre Berry, Bourbonnais et Nivernais
L'épervier
Hugues LAPAIRE

Prix public : ~~16€~~ 15,20€

Touraine
La becquée
René BOYLESVE

Prix public : ~~16€~~ 15,20€

Provence
Le Marquis des Saffras
Jules de la MADELÈNE

Prix public : ~~18€~~ 17,10€

Entre Maine et Anjou
Ma tante Giron
René BAZIN

Prix public : ~~16€~~ 15,20€

Alsace
Les Oberlé
René BAZIN

Prix public : ~~18€~~ 17,10€

Languedoc
La Bourrasque
Georges BEAUME

Prix public : ~~16€~~ 15,20€

L'atlantique
Le peuple de la mer
Marc ELDER

Prix public : ~~16€~~ 15,20€

Auvergne
Le maître du pain
Luçy ACHALME

Prix public : ~~19€~~ 18,05€

Morvan
Le village
Henri BACHELIN

Prix public : ~~16€~~ 15,20€

Terroir «Classiques»

Vendée
Nêne
Ernest PEROCHON

Prix public : ~~16€~~ 15,20€

Sologne - Berry
Le jour aux volets clos
François BARBEROUSSE

Prix public : ~~16€~~ 15,20€

Cévennes
Voyage avec un âne dans les Cévennes
Robert Louis STEVENSON

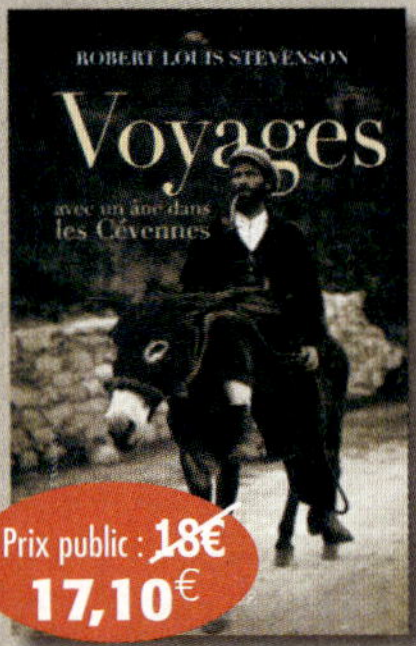

Prix public : ~~18€~~ 17,10€

Pays Basque
Ramuntcho
Pierre LOTI

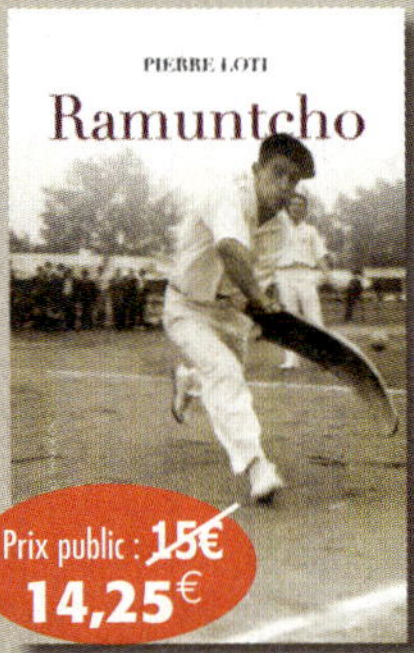

Prix public : ~~15€~~ 14,25€

Franche Comté
Le village endormi
Georges RIAT

Prix public : ~~16€~~ 15,20€

Corse
Fleuve de sang
Jean-Baptiste MARCAGGI

Prix public : ~~16€~~ 15,20€

Nord
Chardonnette
Charles DEULIN

Prix public : ~~18€~~ 17,10€

Beauce
Le blé qui lève
René BAZIN

Prix public : ~~18€~~ 17,10€

Auvergne
Pour la terre
Camille AUDIGIER

Prix public : ~~18€~~ 17,10€

Wallonie
Comme va le ruisseau
Camille LEMONNIER

Prix public : ~~16€~~ 15,20€

Picardie
L' hortilionne
Léon DUVAUCHEL

Prix public : ~~18€~~ 17,10€

Champagne Ardennes
Léon Chatry, instituteur
Jules LEROUX

Prix public : ~~16€~~ 15,20€

À PARAÎTRE EN OCTOBRE 2013

Limousin
La Bru
Georges NIGREMONT

Prix public : ~~16€~~ 15,20€

Sologne - Berry
L'homme sec
François BARBEROUSSE

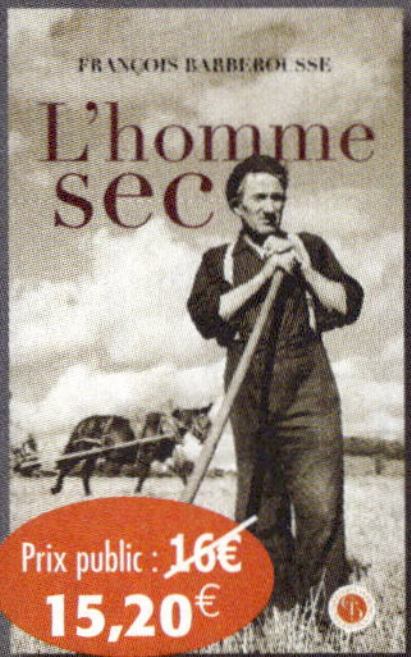

Prix public : ~~16€~~ 15,20€

Berry
Terroir
Jean GAULMIER

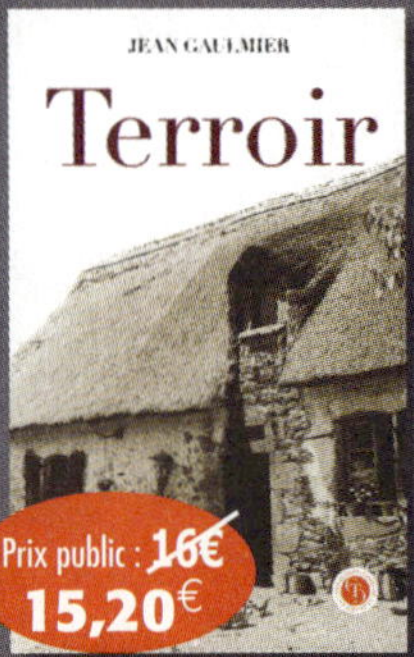

Prix public : ~~16€~~ 15,20€

Ardennes
Le pain et le blé
Jules LEROUX

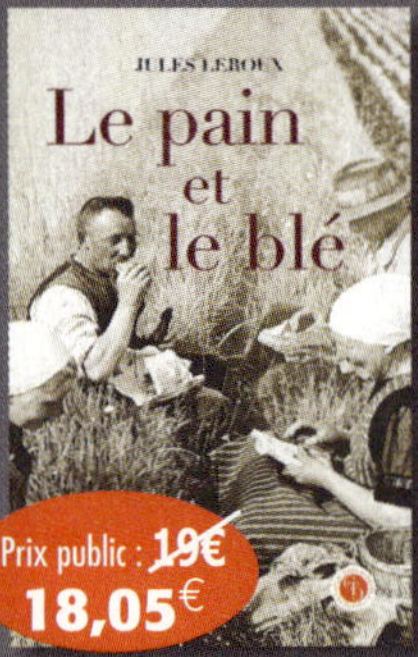

Prix public : ~~19€~~ 18,05€

Nord
Le roi des archers
René BAZIN

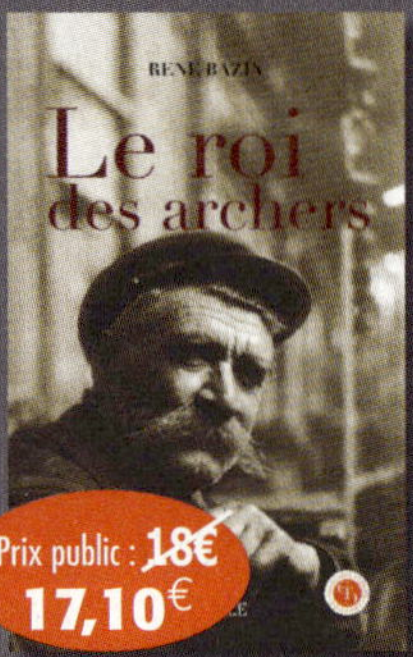

Prix public : ~~18€~~ 17,10€

Les années 60 à l'honneur

La cuisine de tante Martine

Cette nouvelle collection de cuisine nous entraîne dans la période si bouillonnante, prospère et inventive des années 60. C'était le temps des commencements, un monde finissait, un autre naissait. Petites robes courtes, 45 tours, juke-box, roudoudous et frigo géant déclenchent immanquablement en nous un flot de nostalgie.
Les femmes s'émancipent, elles mènent de front vie professionnelle et vie de famille. Les entreprises d'électroménager l'ont bien compris et créent un maximum de nouveautés pour soulager la femme dans les tâches domestiques.

120 pages
14 x 22,5
2 couleurs
Prix public : ~~14,90€~~ 14,15€

> LES PIQUE-NIQUES

> LES DESSERTS

À PARAÎTRE EN OCTOBRE

> LES PLATS MIJOTÉS

La Voiture des années 60

Gérard BARDON & Jany HUGUET

Cet ouvrage s'adresse à tous les passionnés de voitures en leur offrant une présentation des modèles automobiles des années 60 dans toute leur splendeur : automobiles qui s'ouvraient au monde moderne, aux formes originales, à l'esthétisme, marquant ainsi une époque qui deviendra l'âge d'or du rêve automobile. 2 CV, Aronde, 4 CV, Panhard, DS 19, Ford Mustang, R8 Gordini, Austin mini, Coccinelle, MG B, 203 Peugeot, Fiat 500, Facel Vega, Chevrolet, Alfa Roméo, Aston Martin... voilà des noms qui font rêver !

192 pages
22 x 28
4 couleurs
Prix public : ~~29€~~ 27,55€

Le prince des parquets-salons

Dans les bals de campagne des années soixante

Jean-Claude FOURNIER

À PARAÎTRE EN OCTOBRE

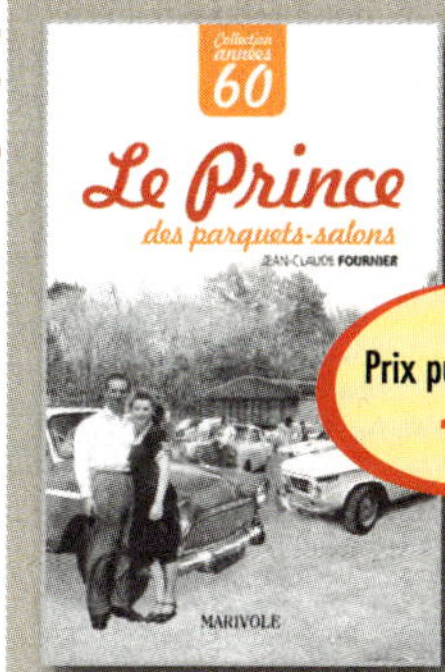

Dans les années soixante, les jeunes écumaient les bals de campagne, à la recherche de « ch'tites » voulant bien se laisser « câliner »... et plus si affinités, à l'arrière d'une Deudeuche, d'une Aronde ou d'une 4 CV. Qui sera couronné roi des parquets salons à l'issue de la saison 1962-1963 ?

Prix public : ~~20€~~ 19€

Chasse & pêche

La belle histoire de la pêche à la mouche

MIGUEL TOURON

225 x 290
224 pages - 4 couleurs
Prix public : ~~34€~~ 32,30€

Premier livre publié en fançais sur l'histoire de la «pêche à la mouche», ce livre reste remarquablement documenté, agrémenté de trés nombreuses illustrations d'époque.

De l'hameçon à l'assiette

JM GOURBILLON

190 x 260
144 pages - 4 couleurs
Prix public : ~~24€~~ 22,80€

Quel plaisir de cuisiner et de savourer le fruit de sa pêche ! Ce livre complet et pratique vous propose de découvrir des recettes simples et explicites et des techniques de pêche claires et précises.

La trompe et le fouet

Venerie d'hier et d'aujourd'hui

ALAIN PHILIPPE

225 x 290
144 pages - 4 couleurs
Prix public : ~~29€~~ 27,55€

Un livre magnifique qui présente non seulement les méthodes et les règles d'une chasse ancestrale, mais qui présente aussi les équipages français.

Le grand livre de la truite et des salmonidés

CHRISTOPHE MATHO

225 x 290
192 pages - 4 couleurs
Prix public : ~~29,90€~~ 28,40€

Le premier livre en français qui présente l'essentiel des salmonidés que le pêcheur peut rencontrer à travers la planète. Du saumon Ouananiche et du Québec, à l'omble Iwana du Japon...

Vent de secteur est

Le rêve du chasseur de gibier d'eau

225 x 290
192 pages - 4 couleurs
Prix public : ~~29,90€~~ 28,40€

ALAIN PHILIPPE

Que de douces sensations, que de saines et fortes émotions j'ai ressenties à la passée, à la hutte et au gabion, de la baie d'Authie à la baie de Somme, du Mont-Saint-Michel au Sud-Ouest et en Camargue...

Terroirs de France Marivole ÉDITIONS

Les auteurs contemporains nous racontent nos terroirs

Auvergne Désormais tu sauras ! *André BOUDON-DELMAS* 208p

Sologne Le destin d'Amélie - *Gérard BARDON* 128p

Berry - Sologne Journal d'un sorcier de campagne *Marieke AUCANTE* 192p

Berry Le recenseur - *Michèle DASSAS* 128p

Berry Les vignes de l'exil, Moïse Lefort *Marie-Agnès BAVAY-BESANÇON et Christian BENZ* 192p

Berry Marie Sorcelle - *Marie du Berry* 128p

Beauce Blé dur, blé tendre - *Jean-Claude PONÇON* 192p

Beauce La claie d'infamie - *Gérard BOUTET* 288p

Bourgogne Bêtes à pain - *Alexis Boucot* 208p

Nord Péri - *Rudi Meunier* 192p

Prix public ~~20€~~ 19€

À PARAÎTRE EN OCTOBRE 2013

BON DE COMMANDE Livres

www.cpe-editions.com

VOTRE COMMANDE LIVRE (S)	PRIX
1.	
2.	
3.	
4.	GRATUIT le moins cher des 4
5.	
6.	
	PORT 3,00 €
TOTAL À PAYER :	....,.. €

À RETOURNER À CPE - ZA du Pâtureau 2000 (Pruniers) - BP 57 - 41202 **ROMORANTIN** Cedex
Tél. 02 54 83 41 45

RENSEIGNEMENTS INDISPENSABLES :

Nom .... Prénom ....

Adresse ....

Code postal /__/__/__/__/__/ Ville..

Adresse mail .... Tél ....

❑ Je vous envoie ce bon complété et je joins mon chèque bancaire ou postal à l'ordre de CPE.

❑ Je vous envoie ce bon complété et j'indique ici le numéro de ma carte bancaire : CB

/__/__/__/__/ /__/__/__/__/ /__/__/__/__/ /__/__/__/__/ Date de validité : /__/__/ /__/__/

3 numéros au dos de la carte : /__/__/__/

Signature obligatoire :